Arena-Taschenbuch

Band 50120

W0045093

Friederike Wilhelmi
studierte Theaterwissenschaften und arbeitete nach ihrem
Abschluss beim Kinderfernsehen. Seit 1995 schreibt sie
Kinderbücher und Drehbücher für Kindersendungen.

Friederike Wilhelmi

Ist der Stille Ozean wirklich still?

Spannende Fragen & verblüffende Antworten

Dieser Sammelband enthält die Titel:
Warum schmeckt das Meer nach Salz?
Wo kommt die Schokolade her?

In neuer Rechtschreibung

1. Auflage als Arena-Taschenbuch 2009
Lizenzausgabe der ars Edition GmbH, München
Dieser Sammelband enthält die Ausgaben
»Warum schmeckt das Meer nach Salz«, © 2007 by ars Edition GmbH,
München, und »Wo kommt die Schokolade her«,
© 2008 by ars Edition GmbH, München
Umschlag- und Innenillustrationen: Erhard Dietl
Umschlagtypografie: knaus. büro für konzeptionelle
und visuelle identitäten, Würzburg
Gesamtherstellung: Westermann Druck Zwickau GmbH
ISSN 0518-4002
ISBN 978-3-401-50120-8

www.arena-verlag.de

Warum schmeckt das Meer nach Salz?

Inhalt

Welches Säugetier baut die größten Nester?

a) Im afrikanischen Regenwald sollte ein Kuckuck gut achtgeben, in wessen Nest er sein Ei legt, denn unter Umständen setzt sich ein zentnerschwerer Berggorilla darauf! Kaum zu glauben, aber wahr: Gorillas bauen sich nämlich richtig große Nester.

b) Hierzulande wohnen Meerschweinchen meist in kleinen Holzhäuschen aus der Zoohandlung. Die frei lebenden Verwandten der niedlichen Nager allerdings bauen in ihrer Heimat Papua-Neuguinea gewaltige Nester. Hier findet die ganze Kolonie, bis zu 150 Tiere, gemeinsam Platz.

c) Beinahe jedes Kind weiß, dass Delfine Säugetiere sind. Weitgehend unbekannt sind jedoch ihre Schlafgewohnheiten. Die klugen Meerestiere bauen sich über zwei Meter große Nester aus Algen in den Kronen der pazifischen Korallenriffwälder.

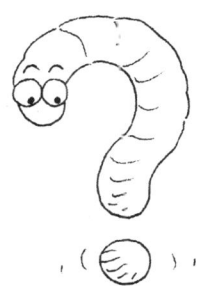

Richtig ist Antwort a)

Der größte Nestbaumeister unter den Säugetieren ist der Gorilla. Dabei braucht er meisterliches Geschick, denn das vogelnestähnliche Bauwerk aus Ästen und Zweigen muss eine ganze Menge Gewicht aushalten. So ein Gorilla kann nämlich bis zu 1,70 Meter groß werden und 180 Kilogramm auf die Waage bringen. Die besonders schweren Silberrückenmännchen, so heißen die ausgewachsenen männlichen Tiere wegen ihrer silberweißen Rückenbehaarung, gehen deshalb auf Nummer sicher und bauen sich ihr Bettchen lieber auf dem Boden und nicht im Baum. Das Nest hat ca. einen Meter Durchmesser. In den ersten drei Lebensjahren dürfen die Kleinkinder mit hinein ins Erwachsenennest, danach müssen sie selber für ihre Nester sorgen.

Am Nachmittag geht die fünf bis 15 Affen starke Familie auf Nahrungssuche. Jeder Gorilla verspeist täglich bis zu 30 Kilogramm Beeren, Blätter und zur Nachspeise ein paar Ameisen. Noch vor der Dämmerung ist Zu-Bett-Geh-Zeit, denn am nächsten Morgen beginnen jeden Tag wieder die mühevollen Nest-Bauarbeiten. Kein Nest wird nämlich ein zweites Mal benutzt! Morgens wird gebaut, danach kommt das verdiente Mittagsschläfchen, anschließend die Nahrungssuche und am Abend die Nachtruhe. Und am nächsten Morgen beginnt alles wieder von vorne . . .

Warum ist die Banane krumm?

a) Weil niemand in den Urwald zog und sie wieder gerade bog.

b) Sobald die einzelnen Bananen den schattigen Blättern der Staude entwachsen sind, streben sie dem Licht entgegen und wachsen dadurch krumm.

c) Die Affen verbringen die meiste Zeit des Tages in den Bananenstauden und schwingen sich von Frucht zu Frucht. Dadurch verbiegen sie sich – nicht die Affen, die Bananen natürlich.

Richtig ist Antwort b)

Die Banane hängt dicht gedrängt neben anderen Bananen an einem starken Strunk. Bis zu 200 Bananen kann ein einzelner Strunk tragen! Er ist also ziemlich schwer und hängt daher senkrecht nach unten an der Bananenstaude. Die einzelnen Bananen wachsen seitlich aus dem Strunk heraus. Da es die Banane nun aber zum Licht hinzieht, krümmt sie sich während des Wachsens nach oben – dorthin, wo das Tageslicht auf die Bananenplantagen fällt. Sie wächst also der Sonne entgegen und bekommt so ihre typisch krumme Form. Übrigens: Das Wort Banane stammt aus dem Arabischen. »Banan« heißt auf Deutsch: Finger.

Warum muss man Zähne putzen?

a) Du musst unbedingt regelmäßig die Essensreste, die sich zwischen deine Zähne geklemmt haben, entfernen. Lässt du sie drin, verschieben sie im Laufe der Zeit dein Gebiss und die Zähne werden locker.

b) Die Essensreste müssen raus, weil sich die Bakterien im Mund auf die Essensreste stürzen. Sobald sie die Reste fressen, scheiden die Bakterien eine Säure aus, die den Zahnschmelz angreift und Löcher hineinfrisst.

c) Mit den rauen Borsten der Zahnbürste wird die Oberfläche der Zähne regelmäßig angeschliffen, wie mit einem Schmirgelpapier. Die Zähne bleiben dadurch kräftig und rau, was vor allem beim Verzehr von zähem Fleisch von Vorteil ist.

Richtig ist Antwort b)

Bakterien kannst du nicht sehen, obwohl sie fast überall vorhanden sind: in der Luft, im Wasser, im Essen, im Trinken und auch in deinem Mund. In einer Mundhöhle leben rund 50 Milliarden Bakterien, mehr als 300 verschiedene Arten. Unter diesen Bakterienarten befindet sich der sogenannte »Streptococcus mutans«, der nachweislich Karies hervorruft.

Das Karies-Bakterium lebt im Zahnbelag, »Plaque« genannt, der auf den Zahnflächen haftet. Seine Hauptspeise sind die verschiedenen Zuckerarten (Haushalts-, Frucht- und Milchzucker), mit denen die Zähne in Kontakt kommen, sobald du etwas isst oder trinkst. Wenn das Bakterium den Zucker »geknabbert« hat, scheidet es Milchsäure aus, die den etwa 2,5 Millimeter dicken Zahnschmelz angreift. Dadurch löst sich der Zahnschmelz allmählich auf und es entsteht Karies.

Die ersten sichtbaren Anzeichen für Karies sind weiße Flecken im Zahnschmelz. Wird Karies in diesem Stadium vom Zahnarzt entdeckt, kann sie noch gestoppt werden. Wenn Karies nicht entdeckt wird, kann »Streptococcus mutans« bis zum Zahnbein vordringen und schließlich den empfindlichen Nerv freilegen. Dann gibt's heftige Zahnschmerzen. Der tagtägliche Kampf ums Zähneputzen hat also tatsächlich einen Sinn, leider . . .

Sind Blindschleichen blind?

a) Blöde Frage! Blindschleichen sind blind, sonst würden sie schließlich nicht so heißen!

b) Blindschleichen stoßen sich sehr häufig und so nahm man an, sie seien blind. Doch heute weiß man, dass das nicht der Fall ist. Sie stoßen an Wände, Äste, Stämme etc., um sich von Parasiten zu befreien.

c) Blindschleichen sind nicht blind. Sie heißen so, weil ihre Haut glänzt und sie schleichen. Daher hat man sie früher »blendender Schleicher« (althochdeutsch »plintslicho«) genannt – und daraus wurde Blindschleiche.

Richtig ist Antwort c)

Die Blindschleiche ist nicht blind. Der Name hat sich aus Versehen eingeschlichen. Und das kam so:
Die Blindschleiche hat eine glänzende, schimmernde Haut. Aus diesem Grund wurde sie früher »blendender Schleicher« genannt, auf Althochdeutsch »plintslicho«. Im Laufe der Zeit ist aus diesem »plintslicho« dann Blindschleiche geworden.
Blindschleichen sind übrigens keine Schlangen, sondern Eidechsen. Ihre Arme und Beine haben sich im Laufe der Jahrmillionen zurückgebildet, darum bewegen sie sich jetzt schlängelnd fort. An ihrem Skelett kannst du heute noch die Reste der Becken- und Schulterknochen erkennen.

Warum brennen Brennnesseln?

a) Brennnesseln haben außergewöhnlich tiefe Wurzeln, die bis zum heißen Kern des Erdinneren reichen. Daher sind sie »brennend« heiß.

b) Die Brenn-Nessel hat kleine hohle Härchen, die wie Spritzen funktionieren. Sobald du sie berührst, spritzen sie eine brennende Flüssigkeit in deine Haut.

c) Rehe fressen für ihr Leben gerne Ameisen, daher gleicht ihr Urin einer ätzenden Säure. Und Rehe pinkeln meist auf Brennnesseln – was auf deiner Haut brennt, ist also schlicht und ergreifend das Pipi der Rehe.

Richtig ist Antwort b)

Die Blätter und Stängel der Brenn-Nessel sind über und über mit kleinen, fast unsichtbaren Härchen bedeckt. Die haben es besonders in sich. Sie sind hohl und enthalten eine brennende Flüssigkeit. Sobald du die Brennhaare berührst, brechen ihre Spitzen ab, verletzen die Haut und die Flüssigkeit wird in die kleine Wunde in deinem Finger gespritzt. Das funktioniert wie die Spritze beim Arzt, nur viel schneller und unauffälliger, weil du es mit bloßen Augen nicht sehen kannst. Diese brennende Flüssigkeit enthält übrigens unter anderem Ameisensäure – ein altes Hausmittel gegen Rheuma, das blutreinigend wirkt. Aus diesem Grund trinken viele Menschen häufig Brenn-Nessel-Tee. Frische, junge Brenn-Nessel-Blätter kannst du sogar als Salat essen, das ist sehr gesund und brennt gar nicht!

Wo kommt die Schokolade her?

a) Vor über 3.000 Jahren tranken schon die Indianer Schokolade. Die schmeckte zwar ganz anders als der Kakao, den wir heute kennen, aber eine wichtige Zutat ist geblieben: die Kakaobohne. Erst 1849 gab es neben dem Getränk auch die Tafel Schokolade. Und dank Lindts »Zartmach-Maschine« schmeckt sie seit 1879 auch richtig lecker.

b) Die Schokolade haben die südafrikanischen Bienen »erfunden«. Sie schwirren um die Kakaobohnenpflanzen wie andere Bienen um die Blumen. Und in ihren Nestern verwandelt sich der Blütenstaub eben nicht in Honig, sondern in sämige Schokolade. Seit 1952 wird die Schokolade allerdings vorwiegend industriell hergestellt.

c) Als 1899 der Schatz des verstorbenen Piraten Spoons gehoben wurde, fand man neben all dem Gold und Schmuck auch einen Sack mit Medikamenten. Darin war unter anderem eine Tafel Schokolade. »Nervennahrung« stand auf dem Papier, in dem sie eingewickelt war. Es dauerte zwei Monate, bis man die Zutaten herausfand und die »Medizin« erfolgreich auf den Markt brachte.

Richtig ist Antwort a)

Die ersten Menschen, die Kakao und Schokolade kannten, waren die Olmeken, ein Indianervolk, das vor über 3.000 Jahren in Mittelamerika lebte. Die Mayas und die Azteken übernahmen das Rezept: Sie mischten die gerösteten und gemahlenen Kakaobohnen mit heißem oder kaltem Wasser. Und damit sich der schon damals begehrte Schaum oben bildete, wurde die Flüssigkeit immer wieder von einer Schale in die andere gegossen.

Das Getränk glich überhaupt nicht dem süßen Kakao, wie wir ihn heute kennen. Es war bitter und wurde mit Pfeffer oder Chilipulver, mit Vanille, Honig oder Rosenwasser gewürzt. Die Indianer nutzten den Kakao auch als Zahlungsmittel und zur Herstellung von Medikamenten.

Nach der Entdeckung Amerikas fand die Trinkschokolade ihren Weg nach Europa. Hier wurde sie lange Zeit nur als Medizin verkauft – gegen Fieber und Bauchweh. Schließlich war das Getränk auch ziemlich bitter. Erst als Rohrzucker dazugemischt wurde, verwandelte sich die bittere Medizin in ein beliebtes Genussmittel. Nach vielen Experimenten und Erfindungen gab es 1849 in Birmingham die erste feste Tafel Schokolade. Dank Rudolphe Lindt ist sie ab 1879 richtig lecker geworden. Er baute eine Maschine namens »Conche«, welche die Schokoladenmasse stundenlang schlägt und dadurch zart macht.

Warum sind die Dinosaurier ausgestorben?

a) Es gibt noch keine klare Antwort auf diese Frage. Bisher gibt es drei Theorien: Es könnten entweder ein Meteorit gewesen sein, der auf der Erde einschlug, oder Vulkanausbrüche oder die Klimaveränderung zu dieser Zeit.

b) Kaum sind aus den Affen Menschen geworden, fing die Jagd auf die Dinosaurier an. Die Urmenschen waren so lange hinter den großen Tieren her, bis sie sie völlig ausgerottet hatten.

c) Die Dinosaurier sind gar nicht ausgestorben. Sie wurden von einer römischen Armee um das Jahr 100 v. Chr. auf eine Insel im Pazifischen Ozean gebracht, da sie den Menschen zu gefährlich wurden. Die Lage der Insel ist unbekannt. Eine Karte mit den nötigen Koordinaten soll angeblich irgendwo im alten Römischen Reich begraben liegen.

Richtig ist Antwort a)

Warum die Dinosaurier vor 65 Millionen Jahren ausgestorben sind, ist bis heute noch nicht völlig klar.

Sicher ist nur, dass zu dieser Zeit ein zehn bis 15 Kilometer großer Himmelskörper (Meteorit) mit 15 Kilometern in der Sekunde auf die Erde prallte. Das geschah in der Nähe des heutigen Mexiko. Er riss einen 200 Kilometer großen und zehn Kilometer tiefen Krater in die Landschaft. Eventuell bedeutete diese Erschütterung das Ende der Dinosaurier.

Eine andere Theorie macht gewaltige Vulkanausbrüche in Indien für das Massensterben verantwortlich. Die Ausbrüche sollen fast 700.000 Jahre lang gedauert haben und setzten Unmengen von Lava, Vulkanasche und Giftgas frei.

Die dritte Theorie besagt, dass die schleichende Klimaveränderung den Tieren die Nahrungsgrundlage nahm.

Am wahrscheinlichsten aber ist es, dass eine Kombination aus allen drei Ereignissen für das Aussterben der Dinosaurier verantwortlich ist.

Wie viele Eier legt ein Huhn im Jahr?

a) Es gibt wilde Hühner und gezüchtete, die nur zum Eierlegen in kleinen Käfigen leben. Die wilden Hühner legen etwa 280 Eier im Jahr, die gezüchteten dagegen nur 36.

b) Es ist genau umgekehrt: Es gibt wilde Hühner und gezüchtete, die nur zum Eierlegen in kleinen Käfigen leben. Die wilden Hühner legen ungefähr 36 Eier im Jahr, die gezüchteten dagegen bis zu 280.

c) Jedes Huhn – egal ob wild oder in einem Käfig lebend - legt täglich ein Ei (und sonntags auch mal zwei). Das macht im Jahr ungefähr 400 Eier.

Richtig ist Antwort b)

Hätte die Henne freie Wahl, würde sie sich wahrscheinlich dreimal im Jahr ein Nest bauen, jedes Mal ungefähr zehn bis zwölf Eier hineinlegen und sich dann draufsetzen, um sie auszubrüten. Auf diese Weise kämen im Jahr ungefähr 36 Eier zusammen.

Aber kaum eine Henne hat noch freie Wahl, denn immer mehr Menschen wollen Eier und Hühnerfleisch so billig wie möglich kaufen. Also werden die Hennen häufig in sehr engen Käfigen, in sogenannten Legebatterien, gehalten. Hier legen sie viel mehr Eier als in der freien Natur.

Und das hat folgenden Grund: Die gerade erst gelegten Eier werden den Hennen sofort weggenommen. Das regt die Tiere an, immer weiterzulegen, schließlich wollen sie ein gefülltes Nest, bevor sie mit dem Brüten beginnen. Dieses Ziel erreichen sie aber bei der Art der Haltung nie. Auf diese Weise legen Hennen im Jahr bis zu 280 Eier.

Es gibt noch einen Grund für die hohe Anzahl der Eier: In den Legebatterie-Hallen gibt es keinen Winter. Das ist die Jahreszeit, in der wilde Hennen keine Eier legen, weil es weniger Nahrung gibt und viel zu kalt ist. In der Halle aber bleiben Temperatur, Licht und Nahrungsangebot das ganze Jahr über fast gleich. Daher legen die Batterie-Hennen auch im Winter Eier.

Wie fangen Eisbären Pinguine?

a) Eisbären gehören zu den wenigen Raubtierarten, die im Team jagen, um sich anschließend die Beute zu teilen. So schließen sie zum Beispiel unbemerkt einen so engen Kreis um eine Pinguinherde, dass es für die kein Entkommen mehr gibt.

b) Pinguine haben sehr schlechte Augen und zusätzlich keinen besonders gut ausgeprägten Geruchssinn. So kommt es, dass es für den farblich gut getarnten Eisbären ein leichtes Spiel ist, sich langsam an den Pinguin heranzupirschen.

c) Eisbären fangen überhaupt nie Pinguine, weil Eisbären am Nordpol und Pinguine am Südpol leben.

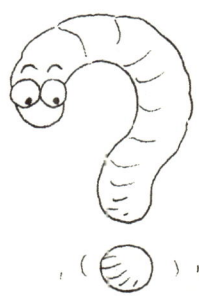

Richtig ist Antwort c)

Eisbären können keine Pinguine jagen, weil sie gar nicht wissen, dass es sie gibt – es sei denn, sie sind Nachbarn in einem Zoo. Eisbären leben am Nordpol und Pinguine rund um den Südpol. Und das ist ein Glück für die Pinguine, denn sie haben wahrlich schon genug natürliche Feinde, die ihnen auflauern. Haie, Orcas und Seeleoparden schnappen sich gerne Pinguine in flachen Gewässern und auf dem Land müssen sie sich und ihre Jungen vor Raubvögeln hüten.

Wegen ihrer etwas unbeholfenen Art, sich an Land fortzubewegen, hätten Pinguine übrigens keine Chance, einem hungrigen Eisbären zu entkommen. Der kann seine Beute nämlich mit bis zu 40 Kilometern in der Stunde über Hunderte von Kilometern verfolgen.

Und die Eisbären haben auch schon genug auf ihrem Speisezettel. Sie ernähren sich von Robben, Fischen und jungen Walrossen. Im Sommer, wenn das Eis schmilzt und sie auf das Festland ziehen, jagen sie dort kleine Säugetiere und Vögel oder fressen manchmal einfach nur ein wenig Gras, Moos und Beeren.

Welches Tier ist am längsten schwanger?

a) Die indische Elefantenkuh ist am längsten trächtig. Von der Befruchtung bis zur Geburt ihres Babys dauert es zwei Jahre – genau acht Wochen mehr als bei ihrer großohrigen, afrikanischen Kollegin.

b) Bis sich die kleinen Alpensalamander in Mamas Bauch voll entwickelt haben, können schon mal drei bis vier Jahre vergehen. Gut Ding will Weile haben!

c) Weil ein Giraffenhals 40 Wirbel lang ist und weil sich beim Giraffenembryo in jedem Monat der Schwangerschaft genau ein Halswirbel bildet, bedeutet das drei Jahre und vier Monate Geduld üben für Mutter Giraffe.

Richtig ist Antwort b)

Während alle anderen Lurcharten, ob Molch, Gelb-
bauchunke oder Laubfrosch, ihre Eier in Gewässer legen,
entwickeln sich die kleinen Alpensalamander ganz im
Bauch der Mama. Denn der Alpensalamander lebt im
Hochgebirge und dort sind die Seen und Bäche oft zugefroren. Gut geschützt vor Wind und Wetter schlüpfen im
Bauch aus etwa 30 Eiern zwei Larven, die zuerst wie
Kaulquappen über Kiemen atmen, die 28 übrigen Eier
verspeisen und dann nach drei bis vier Wintern als voll-
ständige Miniatursalamander auf die Welt kommen.
Je weiter oben auf dem Berg ein Alpensalamander-
weibchen wohnt, desto länger ist es schwanger. Über
1400 Meter dauert die Schwangerschaft 38 Monate, in
noch höheren Lagen können sogar vier Jahre bis zur
Geburt vergehen. Bei Kälte verlangsamt sich nämlich
mit dem Stoffwechsel der Mutter auch das Wachstum
der Babys.
Bei Salamanderwetter, so nennt man warmen Som-
merregen im Gebirge, trauen sich die seidig schwarzen
Lurchis unter ihren Steinverstecken hervor und lassen
sich bewundern.

Warum spüren wir nicht, dass die Erde sich dreht?

a) Weil sie sich nur nachts dreht, wenn wir schlafen.

b) Weil sich unser Körper der Geschwindigkeit der Erde anpasst und weil die Erde sich so geräuschlos und so gleichmäßig durch den Weltraum dreht und bewegt, dass wir gar nichts davon mitbekommen.

c) Die Drehung der Erde ist nichts gegen die Drehungen, die wir alle als Embryos im Mutterleib erlebt haben. Die waren nämlich so heftig, dass wir die Erddrehung gar nicht mehr wahrnehmen.

Richtig ist Antwort b)

Jeden Tag machen wir auf der Erde eine riesige Karussellfahrt. Die Erde dreht sich einmal um ihre eigene Achse, dazu braucht sie genau einen Tag. Wir hier in Deutschland machen diese Drehung etwa in einer Geschwindigkeit von 1100 Kilometern in der Stunde. Außerdem umkreist die Erde auch noch die Sonne. Dazu braucht sie genau ein Jahr. Und das geschieht mit ungefähr 30 Kilometern in der Sekunde. Wir spüren nichts von diesen Bewegungen, obwohl die Geschwindigkeiten atemberaubend sind.

Der Grund ist ganz einfach: Wenn ein Körper immer die gleiche Geschwindigkeit hat, passt sich alles in diesem Körper der Geschwindigkeit an. Denk mal an ein Auto. Das Losfahren spürst du deutlich, denn es drückt dich nach hinten. Aber wenn du erst einmal auf der Autobahn immer in der gleichen Geschwindigkeit fährst, hast du das Gefühl, dass du genauso gut im Wohnzimmersessel sitzen könntest. Dein Körper hat sich der Geschwindigkeit des Autos angepasst. Sobald das Auto abbremst, drückt es dich nach vorne in den Gurt. Die Geschwindigkeit hat sich wieder geändert, diesmal in die andere Richtung, und dein Körper braucht einen Augenblick, um sich dem neuen Tempo anzupassen.

Die Erde bewegt sich auf ihrer Weltall-Autobahn ganz gleichmäßig, immer mit der gleichen Geschwindigkeit, und unsere Körper bewegen sich mit, ohne dass wir es spüren. Hinzu kommt noch, dass die Erde sanft und geräuschlos durch den Weltraum schwebt und nicht über Steine oder Schlaglöcher brausen muss, wie manchmal das Auto.

Ist das Faultier wirklich faul?

a) Ja, Faultiere sind sehr faul. Sie bewegen sich wenig und wenn überhaupt, dann nur im Zeitlupentempo – und das ist ihr Glück. Denn auf die Weise müssen sie weniger fressen und werden nicht so schnell von ihren natürlichen Feinden entdeckt.

b) Nein, Faultiere sind alles andere als faul. Ihren Namen haben sie der Tatsache zu verdanken, dass sie vor allem die faulen Blätter der Eukalyptusbäume fressen. Die schon halb zersetzten Blätter lassen sich schneller verdauen und das ist notwendig, da Faultiere Vielfresser sind.

c) Faultiere sind überhaupt nicht faul. Sie haben einen sehr ausgeprägten Geruchssinn und verfallen sofort in eine Starre, sobald sie Gefahr wittern. Also auch, wenn Menschen sich nähern. So kam es zu der Behauptung, dass Faultiere immer nur faul herumhängen.

Richtig ist Antwort a)

Es stimmt: Faultiere sind faul. Sie bewegen sich äußerst wenig, und wenn überhaupt, dann im Zeitlupentempo. Dennoch müsste das Faultier eigentlich Schlautier heißen. Denn die Langsamkeit und Trägheit haben ihre Gründe:

Einmal möchte das Tier möglichst wenig Energie verbrauchen, um entsprechend weniger fressen zu müssen. Denn da es nicht mit anderen Tieren in einen anstrengenden Nahrungswettbewerb treten möchte, ernährt sich das Faultier äußerst genügsam von Blättern. Die sind aber nicht besonders sättigend, also bewegt sich das Faultier langsam, damit die Blätter ausreichen.

Außerdem fällt das Faultier durch seine langsamen Bewegungen weniger auf. So ist es vor natürlichen Feinden geschützt.

Faultiere schlafen rund 14 Stunden am Tag. Nur ganz selten klettern sie auf den Boden. Dort bewegen sie sich wegen ihrer langen Krallen sehr ungeschickt und erreichen eine »Spitzengeschwindigkeit« von 0,146 Kilometern in der Stunde.

Übrigens: Da das Faultier immer mit dem Bauch nach oben im Baum hängt, trägt es seinen Scheitel nicht auf dem Rücken, wie die anderen Säugetiere, sondern auf dem Bauch. Auch hübsch!

Müssen Fische trinken?

a) Fische müssen ständig trinken. Würde ihr Körper nämlich nicht genügend Wasserdichte haben, könnten sie gar nicht unter Wasser bleiben, sondern würden ständig an der Oberfläche treiben.

b) Salzwasserfische müssen sehr viel trinken und Süßwasserfische gar nicht. Das hat etwas damit zu tun, dass sich die Salzkonzentration des Fischkörpers der Salzkonzentration des Wassers angleicht.

c) Natürlich müssen Fische nicht trinken, schließlich sind sie ständig von Wasser umgeben und nehmen genug Flüssigkeit über die Haut auf.

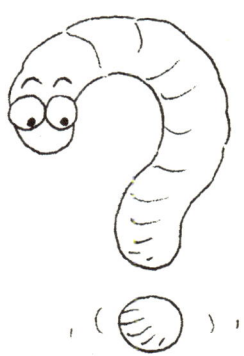

Richtig ist Antwort b)

Salzwasserfische müssen sehr viel trinken, da sie sonst mitten im Wasser austrocknen würden. Der Grund hierfür ist das sogenannte »osmotische Gesetz«. Vereinfacht ausgedrückt lautet es: Zwei räumlich getrennte und unterschiedliche Lösungen versuchen einander so lange auszugleichen, bis beide die gleiche Salzkonzentration haben.

Was hat das aber mit den Fischen zu tun? Ganz einfach: Die Körpersäfte der Fische enthalten sehr viel weniger Salz als das Meerwasser. Um einander auszugleichen, tritt also permanent Flüssigkeit über die Haut des Fisches ins Meer.

Diese verlorene Flüssigkeit müssen die Fische durch Trinken ersetzen. Die großen Salzmengen, die sie dabei zwangsläufig zu sich nehmen, werden über die Kiemen, spezielle Drüsen und über den Kot wieder ausgeschieden.

Bei den Süßwasserfischen ist es genau umgekehrt: Bei ihnen ist die Konzentration von Salz im Körperinneren größer als die im Wasser. Hier wirkt das Gesetz der Osmose so, dass ständig Wasser in die Fische eindringt. Sie haben also nicht die Sorge zu verdursten, sondern eher durch zu viel Wasser zu platzen. Also trinken Süßwasserfische nie, sondern verwenden ganz im Gegenteil viel Energie darauf, überflüssiges Wasser wieder auszuscheiden.

Gibt es »komische Käuze«?

a) Ein Kauz ist eine Affenart aus Südamerika. Käuze nehmen vorwiegend mit dem Kopf nach unten hängend ihre Nahrung zu sich. Menschen, die viel essen und ansonsten wenig zustande bringen, werden daher als »komische Käuze« bezeichnet.

b) Außenseiter und Sonderlinge werden manchmal als »komische Käuze« bezeichnet. Der Grund liegt darin, dass Käuze (eine Eulenart) nachtaktiv sind und daher zu ungewöhnlichen Zeiten auf Partner- und Nahrungssuche gehen. Außerdem schallt ihr Ruf im Dunkeln durch den Wald, was ganz schön unheimlich sein kann.

c) Wer als »komischer Kauz« beschimpft wird, verhält sich wie ein Betrunkener, ist aber keiner. In der Schweiz gab es um 1950 einen Politiker, der in Talkshows und anderen Interviews oft angetrunken wirkte, es aber laut Aussage seiner Ärzte nie war. Seine heitere Laune war lediglich ein Charakterzug. Sein Name war Gerhard Kauz.

Richtig ist Antwort b)

Ein Mensch, der sich ungewöhnlich verhält, wird als »komischer Kauz« bezeichnet. Das Wort »komisch« ist in diesem Zusammenhang ja noch zu verstehen, was aber ist an dem Kauz so merkwürdig, dass er für diese Redewendung herhalten muss?

Vielleicht liegt der Grund darin, dass der Kauz eine Eulenart und demnach nachtaktiv ist. Käuze gehen im Dunkeln auf Beutejagd und Partnersuche. Vor allem im Spätwinter und Frühling sind im Wald nachts oft die lauten Rufe des Waldkauzes zu hören, der damit die Weibchen anlockt. Diesen Ruf empfinden viele Menschen als unheimlich, daher untermalt er in Krimis auch oft die spannendsten Stellen. Im 15. Jahrhundert galt das Tier sogar als Totenvogel, dem man besser nicht begegnen sollte.

Dabei ist der Kauz bei näherer Betrachtung völlig harmlos. So ist es sicherlich auch oft bei den »komischen Käuzen« unter den Menschen: Wer sich ein bisschen anders als die meisten verhält, muss noch lange nicht gemieden werden.

Warum glühen Glühwürmchen?

a) Wenn die weiblichen Glühwürmchen zur Paarung bereit sind, schalten sie ihr Licht an, um die Männchen anzulocken.

b) Glühwürmchen sind nachtaktiv. Sie gehen also im Dunkeln auf Nahrungssuche. Um erfolgreicher jagen zu können, beleuchten sie ihr Revier.

c) Biologen haben auch nach jahrzehntelangen Forschungen keinen erklärbaren Grund für das abendliche Glühen der Glühwürmchen finden können. Daher wird vermutet, dass Glühwürmchen aus reiner Lebensfreude leuchten.

Richtig ist Antwort a)

Mit seinem Leuchtorgan lockt das Glühwürmchen-weibchen einen Partner an. Sobald ein Männchen das Licht von einem Weibchen entdeckt, fliegt es zu ihm. Das Weibchen schaltet dann das Licht aus, denn die Paarung findet im Dunkeln statt.

Das gelbgrüne Licht können die Glühwürmchen selbstständig herstellen. Dazu brauchen sie weder Steckdose noch Batterie. Das Leuchtorgan befindet sich an der Bauchseite des Hinterleibes. Wenn es leuchten soll, findet eine biochemische Reaktion in den Zellen des Organs statt. Diese Reaktion aktiviert das sogenannte Luciferin. Wenn dieser Stoff mit Sauerstoff in Verbindung kommt, entsteht Licht. Das klingt kompliziert, ist aber für ein Glühwürmchen nicht schwieriger als für uns ein Augenaufschlag oder ein Lächeln.

Über 2.000 Arten von Leuchtkäfern gibt es auf der ganzen Welt. In den Tropen leuchten manche sogar so hell, dass man bei ihrem Licht nachts lesen kann.

Warum ist der Himmel blau?

a) Blau ist die Lieblingsfarbe vom lieben Gott. Daher sind der Himmel und das Meer blau.

b) Das Licht auf unserer Erde kommt von der Sonne. Die ist ja bekanntlich sehr heiß. Und Hitze strömt unterschiedliche Farben aus: Warm ist rot, heiß ist gelb und sehr heiß ist blau.

c) Das Sonnenlicht wird gestreut, sobald es in die Erdatmosphäre eindringt. Da die blaue Farbe am meisten gestreut wird, ist sie am besten sichtbar.

Richtig ist Antwort c)

Unsere Erde ist von einer Schutzhülle umgeben, die wir Atmosphäre nennen. Sie besteht aus vielen unsichtbaren Luftschichten und in ihr tummeln sich unzählige winzige Teilchen.

Das Sonnenlicht strahlt in allen Farben des Regenbogens, also in Violett, Blau, Grün, Gelb und Rot, durch diese Atmosphäre hindurch auf die Erdoberfläche.

Dabei verhalten sich die einzelnen Farben ganz unterschiedlich: Das rote und das gelbe Licht fließen ohne Umwege wellenförmig auf die Erde zu. Doch das blaue Licht lässt sich von den vielen kleinen Teilchen, die in der Atmosphäre herumschwirren, aufhalten und wild durch die Gegend schubsen. Es zerstreut sich in alle Richtungen. Stell dir einen Gummiball vor, der wild durch ein Zimmer wirbelt. Durch diese sogenannte hohe Streuung der blauen Farbe erscheint uns der Himmel blau.

Welches ist das größte Tier der Welt?

a) Der Blauwal, dessen Herz allein schon bis zu 1000 Kilogramm schwer werden kann.

b) Der Yeti, ein Wesen aus den Bergen. Bisher hat ihn noch niemand gesehen, aber seine Fußspuren deuten darauf hin, dass er das größte Lebewesen der Welt ist.

c) Der afrikanische Elefantenbulle, der mit seiner unglaublichen Kraft in einem einzigen Ruck ein ganzes Einfamilienhaus in Bewegung setzen könnte.

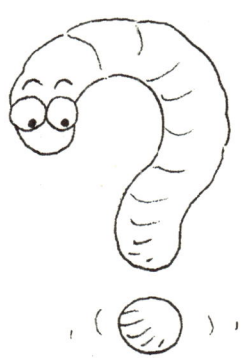

Richtig ist Antwort a)

Der Blauwal gilt als das größte Tier der Welt. Er über-
trifft sogar die größten Dinosaurier.
Ein Blauwal wird bis zu 30 Meter lang und kann 160
Tonnen auf die Waage bringen. Das sind in etwa die
Länge von drei Eisenbahnwaggons und das Gewicht
von sechs Lkws. Allein die Zunge eines ausgewachsenen Blauwals wiegt schon so viel wie ein Auto!
So ein gigantischer Körper braucht natürlich riesige
Mengen Nahrung. Bis zu vier Tonnen Kleinkrebse
frisst ein erwachsener Blauwal täglich!!!
So ein Tier kann übrigens bis zu 110 Jahre alt werden.
Blauwale sind vom Aussterben bedroht. Das kommt
vor allem daher, dass erst 1966 internationale Schutz-
bestimmungen in Kraft traten. Vorher wurden sie gejagt und getötet. Bevor der Walfang überhaupt anfing,
gab es nach Schätzungen über 200.000 Blauwale weltweit. Heute gibt es nur noch etwa 2.300 und Experten
befürchten, dass sich die Bestände nicht mehr erholen,
die Blauwale also aussterben werden.

Warum gibt es braune und weiße Hühnereier?

a) Die Farbe der Eierschale hängt von der Tageszeit des Legens ab. Das Ei passt seine Farbe den Lichtverhältnissen an. Legt das Huhn in der Nacht ein Ei, so ist es braun, wird es tagsüber gelegt, ist das Ei weiß.

b) Wenn ein Huhn viel draußen herumläuft, legt es braune Eier. Durch das ständige Picken frisst es viel Erde und die Erdfarbe wirkt sich auf die Farbe der Eierschale aus. Ist das Huhn ein sogenanntes »Batterie-Huhn«, das nur im Käfig lebt, bleibt die Eierschale weiß.

c) Ob ein Huhn weiße oder braune Eier legt, hängt ausschließlich mit der Rasse des Huhns zusammen. Die Farbe der Eierschale liegt in den Genen, das heißt, sie wird vererbt, wie bei den Menschen die Hautfarbe.

Richtig ist Antwort c)

Die Farbe der Eierschale hängt von der Rasse des Huhns ab.

Manche behaupten, dass die Farbe der Federn identisch sei mit der Eierfarbe. Das stimmt aber nicht. Es gibt braune Hühner, die weiße Eier legen, und weiße Hühner, die braune Eier legen.

Aber es gibt eine andere Faustregel: An den sogenannten Ohrscheiben (Ohrläppchen) der Hühner kannst du erkennen, welche Farbe die Eier voraussichtlich haben werden. Hat ein Huhn rote Ohrscheiben, legt es braune Eier. Hühner mit weißen Ohrscheiben legen weiße Eier. Dies ist wie gesagt nur eine Faustregel, Ausnahmen bestätigen also die Regel.

Bei den Hühnern, die braune Eier legen, ist es die sogenannte Pigmentfärbung, die sich außen auf der Kalkschale des Eies ablagert. Diese Färbung bildet sich aus dem roten Blutfarbstoff und dem Gallenfarbstoff, die der Organismus des Huhns ausscheidet.

Die Eierfarben reichen von strahlendem Weiß bis zu dunklem Braun. Es gibt sogar Hühnerrassen, zum Beispiel in Südamerika, deren Eier grünlich gefärbt sind. Die Eierfarbe hat keinen Einfluss auf den Geschmack des Eies oder auf den Nährstoff- oder Vitamingehalt.

Wie entstehen Wellen?

a) Wellen werden durch Wind erzeugt.

b) Der Meeresboden ist ständig in Bewegung, damit er trotz des hohen Wasserdrucks weich bleiben und dadurch Schutz für viele Fische bieten kann. Diese Bodenbewegungen sind Ursache der Wellen.

c) Im Meer herrscht großer Trubel. Jeder Fisch verursacht Wellen: je größer der Fisch, desto größer die Welle. Die vielen verschiedenen kleinen Wellenbewegungen vereinen sich auf dem offenen Meer zu größeren Wellen, die dann schließlich an den Küsten auslaufen.

Richtig ist Antwort a)

Wellen entstehen durch Wind. Versuche es selber einmal: Wenn du in eine mit Wasser gefüllte Schüssel bläst, erzeugst du kleine Wellen. Die großen Meereswellen entstehen genauso. Natürlich bläst weder du noch ein Seefahrer oder Engel auf das Wasser, sondern der Wind. Er drückt auf die Wasseroberfläche und verursacht dadurch die Wellen. Je stärker der Wind bläst, desto größer werden die Wellen.

Wenn du an einem windstillen Tag am Strand hohe Wellen siehst, liegt das daran, dass weit draußen auf dem Meer durch einen Sturm Wellen entstanden sind, die auf die Küste zulaufen. Die Wellenbewegung kann sich mehrere Hundert Kilometer im Wasser fortsetzen.

Eine sogenannte Flutwelle ist übrigens etwas anderes. Sie wird durch plötzliche Wasserstands-Schwankungen, wie zum Beispiel ein Erdbeben, einen Vulkanausbruch am Meeresgrund oder einen Wirbelsturm, erzeugt. Flutwellen können enorm hoch werden (der Rekord liegt bei etwa 40 Metern) und verheerende Verwüstungen anrichten.

Warum ist etwas »zum Mäusemelken«?

a) Wenn du zum Beispiel eine klitzekleine Schraube in ein klitzekleines Loch drehen willst, der Schraubenzieher nicht greift und deine Finger zu dick sind, dann ist diese Redewendung passend. Mäusemelken wäre nämlich ähnlich knifflig!

b) Mäusemelken ist in manchen Gegenden Afrikas üblich, weil man der Mäusemilch eine heilende Kraft bei Gliederschmerzen zuspricht. Die Redewendung »Das ist zum Mäusemelken!« verwenden also Menschen, die vor Schmerzen kaum gehen können.

c) Wer »Mäuse melkt«, arbeitet viel, aber uneffektiv. Kein Wunder, denn eine Maus zu melken, wäre zwar äußerst zeitaufwendig, aber die Milch, die man nach zwei Stunden hätte, würde nicht mal für den Kaffee reichen.

Richtig ist Antwort c)

Mäuse sind Säugetiere, also geben Mäusemuttis Milch. Zunächst ein Vergleich: Eine Milchkuh gibt am Tag etwa 30 Liter Milch, ein Blauwalweibchen sogar 400 bis 600 Liter. Ist ja auch klar, denn so ein Walbaby muss täglich etwa 100 Kilogramm zunehmen. Bei diesen Größenordnungen kann man sich in etwa vorstellen, wie wenig Milch eine kleine Mausmutter am Tag produzieren muss, um ihre Babys satt zu kriegen. Dem Mäusejungen reicht es schon, wenn es über den Tag verteilt die Menge eines halben Teelöffels trinken darf. Für einen Liter Mäusemilch müsste man ungefähr 4000 Mäuse melken. Wie das allerdings ein Mensch bewerkstelligen sollte, ist unklar, schließlich ist so eine Maus klitzeklein. Da dürfte das Melken äußerst mühsam und zeitaufwendig werden. Und wozu auch? An Milch mangelt es ja nicht. Wer also »Mäuse melkt«, geht einer äußerst sinnlosen Tätigkeit nach – und genau das drückt die Redewendung aus.

Gibt es Leben auf dem Mars?

a) Ja, es gibt Leben auf dem Mars. 1987 hat der amerikanische Astronaut F. W. Sinclaire große, rechteckige Fußabdrücke auf der Marsoberfläche gefunden. Das dazugehörige Lebewesen fand man allerdings noch nicht.

b) Nein, Weltraumforscher haben den Mars bereits ausgiebig unter die Lupe genommen und konnten ein Leben auf dem Mars definitiv ausschließen.

c) Bis jetzt wurde noch kein Leben auf dem Mars gefunden, die Forscher schließen allerdings ein Leben nicht aus, da die Bedingungen auf dem Mars denen auf der Erde recht ähnlich sind.

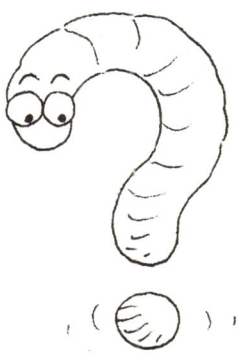

Richtig ist Antwort c)

Der Mars ist unserer Erde in manchen Dingen sehr ähnlich. Es gibt dort Vulkane, Schluchten und Sanddünen, auch Sommer und Winter. An einem Sommertag kann es auf dem Mars wohlige 25 Grad Celsius warm werden. In der Nacht und im Winter allerdings fällt das Thermometer auf frostige minus 130 Grad ab.

Es gibt auf dem Mars auch Wasser. Wasser ist eine der Grundlagen des Lebens. Eine zweite Grundlage ist eine Atmosphäre – die hat der Mars auch, allerdings ist sie viel dünner als die Erdatmosphäre und sie enthält kaum Sauerstoff.

Um herauszufinden, ob es auf dem Mars Leben gibt oder nicht, haben die Menschen schon viele Weltraumsonden dorthin geschickt. Es wurden unzählige Fotos geschossen und Gesteinsproben untersucht. Dennoch sind die Forscher sich noch nicht sicher. Denn obwohl es wenig Sauerstoff auf dem Mars gibt, könnten Kleinstlebewesen, sogenannte Mikroorganismen, wie zum Beispiel Bakterien, unter den dort herrschenden Bedingungen existieren. Das weiß man schon lange von entsprechend lebensfeindlichen Klimaregionen auf der Erde.

Die Frage nach Leben auf dem Mars ist also immer noch ungeklärt. Nur eines steht fest: Die kleinen grünen Marsmännchen gibt es wohl nicht . . .

Warum rauscht das Meer in der Muschel?

a) Die Muschel schirmt dein Ohr von allen Geräuschen um dich herum ab. Ihr hohler Resonanzkörper verstärkt die Geräusche, die aus deinem Inneren kommen. Das Rauschen, das du hörst, ist die Zirkulation deines Blutes.

b) In der Muschel leben unzählige kleine Mikroorganismen (Bakterien, Pilze . . .). Die Trichterform der Muschel verstärkt die Geräusche der kleinen Lebewesen wie ein Megafon und dringt wie ein Rauschen an unser Ohr.

c) Muscheln haben durch ihre kalkhaltige Schale die Möglichkeit, Geräusche zu speichern. Da die meisten Muscheln jahrhundertelang auf dem Meeresgrund ruhten, bevor sie an Land gespült wurden, hören wir in ihnen tatsächlich das abgespeicherte Rauschen des Meeres.

Richtig ist Antwort a)

Das Rauschen, das du in der Muschel hörst, entsteht durch die sogenannte Eigenfrequenz der Muschel. Jeder Hohlkörper hat so eine Eigenfrequenz. Vielleicht hast du es selber schon einmal bemerkt. Wenn du in einem Raum singst, in dem ein Musikinstrument steht, zum Beispiel eine Gitarre, kannst du diesem Instrument bei einer ganz bestimmten Tonhöhe einen Ton entlocken, als würde es mitsingen. Dann hast du die Eigenfrequenz des Instruments erwischt. Mit deinem Gesang bringst du die Luft im Raum zum Schwingen (es entstehen sogenannte Schallwellen) und die Luft bringt dann wiederum die Luft im Instrument zum Schwingen – allerdings nur, wenn du auch die bestimmte Tonhöhe (Eigenfrequenz) erreichst. Und genau das passiert in der Muschel. Sämtliche Geräusche bzw. Schallwellen, besonders die, die das Pulsieren deines eigenen Blutes verursacht, bringen die Luft in der Muschel zum Schwingen. Das Resultat ist ein für uns wahrnehmbares Rauschen, das an Meeresbrausen erinnert.

Warum sieht man manchmal auch am Tag den Mond?

a) Der Mond steht im Laufe eines Monats immer wo-
anders am Himmel. Mal steht er nachts direkt über
uns, mal am Tag. Allerdings sehen wir ihn dann
nicht so deutlich, weil es so hell ist.

b) Manchmal steht der Mond einfach völlig verkehrt
am Himmel, weil der Mann im Mond sehr, sehr alt
ist und sein Wecker schon lange nicht mehr funktioniert.

c) Die Winde des Weltalls werfen den Mond gelegent-
lich aus seiner Umlaufbahn. Und dann braucht er
einige Zeit, sich wieder zurechtzufinden.

Richtig ist Antwort a)

Der Mond leuchtet nur, weil er von der Sonne angestrahlt wird. Eigenes Licht besitzt er nicht. Er steht immer an verschiedenen Stellen am Himmel und sieht auch immer anders aus: mal voll, mal nur halb und manchmal auch nur wie ein gebogener Strich. Das kommt daher, weil der Mond sich um die Erde dreht. Und wir sehen eben immer nur den Teil des Mondes, der von der Sonne angestrahlt wird. Steht der Mond gerade zwischen uns und der Sonne, sehen wir natürlich nichts von ihm, weil die von uns abgewandte Seite von der Sonne beschienen wird. Das nennen wir Neumond. Wandert er dann auf seiner Bahn immer weiter um uns herum, sehen wir langsam ein Stück mehr von ihm, denn die Seite, die von der Sonne angestrahlt wird, zeigt immer weiter in unsere Richtung. Am besten sehen wir den Mond, wenn er von der Sonne gesehen hinter die Erde gewandert ist. Dann ist die uns zugewandte Mondseite ganz von der Sonne beschienen. Das nennen wir Vollmond. Für eine Runde braucht der Mond 29 Tage.

Wir drehen uns ja auf der Erde auch täglich einmal um unsere Achse; daher gibt es Tag und Nacht. Und je nachdem, auf welchem Fleck der Mond sich gerade bei seiner Erdumdrehung befindet, sehen wir ihn tagsüber oder nachts. Die Hälfte des Monats verbringt er auf unserer Nachtseite und die andere Hälfte auf der Tagseite. Es ist also ganz normal, dass wir den Mond manchmal auch tagsüber sehen. Nur fällt er dann nicht so auf, weil er nicht so schön leuchtet.

Warum sind Regenwolken dunkel?

a) Die Wassertropfen in einer Regenwolke liegen so dicht beieinander, dass kein Sonnenlicht mehr durch sie hindurchscheinen kann. Daher sehen die Wolken aus unserer Perspektive – also von unten – dunkel aus.

b) Die dunkle Farbe ist ein natürliches Warnsystem. Es gibt viele Tierarten, vor allem im Dschungel und in der Wüste, die derart empfindlich auf Nässe reagieren, dass sie ohne diese Vorwarnung längst ausgestorben wären.

c) Wolken werden zu Regenwolken, wenn Petrus, der Wettergott, es so bestimmt. Und keine Wolke möchte eine Regenwolke werden, denn die sind unbeliebt. Erwischt es eine, ärgert sie sich sofort schwarz über ihr Schicksal.

Richtig ist Antwort a)

Alle Wolken am Himmel bestehen aus winzig kleinen Wassertröpfchen. Sie sind ja schließlich nichts anderes als das verdunstete Wasser aus den Meeren, Flüssen, Teichen, Bächen, Tümpeln und Seen.

Solange die Wolke warm ist, bleiben die Wassertröpfchen ganz fein und bewegen sich in der Wolke hin und her. Sobald die Wolke sich aber abkühlt, bewegen sich die Wassertröpfchen immer langsamer. Sie drängen sich zusammen und so werden aus kleinen Tröpfchen große Tropfen. Jetzt hat das Sonnenlicht keine Chance mehr, durch die Wolke hindurchzuscheinen. Also wird sie dunkel, manchmal sogar pechschwarz.

Irgendwann werden die Tropfen dann zu schwer und fallen in Form von Regen, Schnee oder Hagel auf die Erde zurück. Und das schon seit Millionen von Jahren! Stell dir vor: Das Wasser, das auf euer Hausdach prasselt, hat vielleicht schon mal einem Dinosaurier den Durst gelöscht oder wurde bereits von einem Steinzeitmenschen zum Waschen benutzt. Wenn Wasser sprechen könnte, hätte es bestimmt viel zu erzählen!

Wie kommt der Schimmel aufs Brot?

a) Der Schimmelpilz setzt sich vor allem auf altes Brot, weil das an Pferde verfüttert wird. Pferde – allen voran die weißen Schimmel – benötigen nämlich den besonderen Stoff des Schimmelpilzes zum Imprägnieren ihres Fells. Daher übrigens auch die Namensgleichheit.

b) Schimmel bildet sich, sobald das Brot anfängt auszutrocknen. Da Schimmel feucht ist, versucht er, den sinkenden Feuchtigkeitsgehalt auszugleichen.

c) Die Sporen des Schimmelpilzes schwirren durch die Luft und lassen sich gerne auf feuchtem und nahrhaftem Brot nieder. Dort vermehren sie sich und verwandeln sich in einen grünen Schimmelteppich.

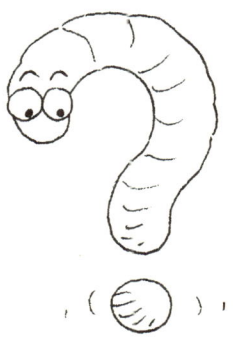

Richtig ist Antwort c)

Schimmel ist ein Pilz – und davon gibt es jede Menge. Auch der leckere Champignon gehört zum Beispiel zur Gruppe der Pilze. Der Schimmelpilz ist allerdings giftig und daher sollten schimmelige Nahrungsmittel sofort weggeworfen werden.

Die winzigen Sporen (Fortpflanzungszellen) des Schimmelpilzes schwirren unsichtbar durch die Luft. Wenn sie etwas Leckeres finden, lassen sie sich dort nieder und wachsen zum »Pilzkörper« heran. Am liebsten haben sie faulende, feuchte pflanzliche oder tierische Stoffe. Auch im Brot fühlen sie sich wohl, denn es ist nahrhaft und hat viele kleine Löcher, in denen sich die Schimmelsporen gemütlich einnisten und vermehren können. Es dauert nicht lange, da haben sich die kleinen Sporen in einen grünen, blauen oder weißen, sichtbaren »Pelz« verwandelt.

Dann solltest du allerdings das ganze Brot wegschmeißen oder zumindest den schimmeligen Teil sehr großzügig abschneiden, denn sobald der Schimmel sichtbar wird, musst du davon ausgehen, dass sich die kleinen, unsichtbaren Sporen bereits in weiteren Teilen des Brotes verteilt haben.

Was »geht auf keine Kuhhaut«?

a) Früher gab es den Aberglauben, dass der Teufel die Sünden eines jeden Menschen auf Pergament festhalte. Das Pergament wurde aus Schafs- oder Kalbshaut hergestellt. Wenn nun aber die Liste der Sünden so lang war, dass sie nicht einmal auf eine Kuhhaut passte, kam der Sünder nicht in den Himmel, so der Glaube. Heute steht die Redewendung für »unglaublich groß«.

b) In den Zeiten des Tauschhandels war es im Süden Deutschlands üblich, dass alle Lebensmittel, die auf einer ausgebreiteten Kuhhaut Platz hatten, gegen eine lebendige Kuh eingetauscht werden konnten. Wenn jemand so viel hergab, dass es »auf keine Kuhhaut passte«, war er großzügig. Und genau das meint die Redensart.

c) Als es noch keine Pferde gab, zogen manche Händler auf Kühen durchs Land. Kühe sind aber zum Reiten ungeeignet, sie bocken und werfen ihre Reiter gerne ab. Es konnten also nur sehr geschickte Männer Kühe reiten. Wer »auf keine Kuhhaut geht«, gilt als »ungeschickt«.

Richtig ist Antwort a)

Der Ausdruck stammt aus dem Mittelalter. Damals glaubte man, dass der Teufel die Sünden eines jeden Menschen auf Pergament notiere, damit er sie ihm am Tage des Jüngsten Gerichts vorhalten könne.

Pergament wurde damals in der Regel aus Schafs- oder Kalbsleder hergestellt. Wenn nun aber jemand so viele Sünden begangen hatte, dass das Pergament nicht reichte, musste ein größeres Tier herhalten, eine Kuh. Wenn die Sündenliste allerdings auch nicht auf die Kuhhaut passte, sah es wahrscheinlich schlecht aus beim Jüngsten Gericht, wenn die Menschen in Gut und Böse eingeteilt werden, so zumindest der Glaube.

Im Laufe der Jahrhunderte erweiterte sich die Redewendung dann auf andere Gebiete. Sie wird heute nicht mehr für die Aufzählung von Sünden verwendet, sondern bedeutet im täglichen Sprachgebrauch, dass etwas »unbeschreiblich groß«, »übermäßig« oder »unerhört« ist.

Kündigen Schwalben mit ihrem Tiefflug Regen an?

a) Ja. Die Schwalben haben ein eigenes Organ für das Erkennen von Wetterveränderungen. Die sogenannte »Wetterdrüse« drückt sie bei nahendem Regen nach unten, damit das äußerst nässeempfindliche Gefieder geschützt wird.

b) Ja. Mit dem Regen kommt ein sogenanntes Tiefdruckgebiet. Bei niedrigem Luftdruck fliegen die Insekten tief – und die Schwalben fliegen ihnen hinterher, um sie zu fressen.

c) Nein, die Flughöhe der Schwalben hat gar nichts mit dem Wetter zu tun. Das hat sich ein Heilkünstler im Mittelalter ausgedacht, um Eindruck zu schinden.

Richtig ist Antwort b)

»Wenn die Schwalben niedrig fliegen, werden wir bald Regen kriegen.« So lautet eine alte, zuverlässige Bauernweisheit. Als es noch kein Fernsehen mit Wettervorhersagen gab, waren derartige Regeln sehr wichtig – vor allem für die Bauern. Oft konnten sie so ihre Ernte oder ihr Vieh noch vor dem nahenden Unwetter rechtzeitig ins Trockene bringen.

Doch warum kündigen die Schwalben mit ihrem Tiefflug den Regen an? Ganz einfach: weil sie Hunger haben! Ihre Beute, winzig kleine Insekten, fliegen mal oben und mal unten, je nach Wetterlage. Das hat einen Grund: Bei anhaltend sonnigem Wetter herrscht ein sogenanntes Hochdruckgebiet. Anders gesagt: Bei schönem Wetter wird die Luft hochgedrückt. Die kleinen Insekten sind sehr leicht und lassen sich mit der warmen Luft nach oben treiben. Und die hungrigen Schwalben folgen ihnen in die Höhe.

Wenn die Schwalben oben bei ihren Leckerbissen herumschwirren, heißt das, dass das Wetter noch eine Weile schön bleiben wird. Sobald das Hoch abzieht und das sogenannte Tief naht, kühlt sich die Luft ab und sinkt wieder nach unten – und mit ihr die kleinen Insekten. Dann fliegen die Schwalben auch niedrig und werden so zu Vorboten des kommenden Regens. Die Vorhersage gilt zwar nur für einen kurzen Zeitraum, aber sie ist sehr zuverlässig.

Es sind also eigentlich die kleinen Insekten, die zuerst auf das Wetter reagieren. Die Schwalben, die wir besser sehen, folgen lediglich ihrem Futter.

Warum schmeckt das Meer nach Salz?

a) Die flüssige Ausscheidung aller Fische – also ihr Pipi – ist äußerst salzhaltig und versalzt daher seit Jahrtausenden alle Weltmeere.

b) Vor ungefähr 250.000 Jahren fiel ein riesiger Komet mit einer äußerst hohen Salzdichte in den Pazifischen Ozean. Noch heute wäscht das Wasser das Salz von ihm ab. Und da alle Meere miteinander verbunden sind, hat sich im Laufe der Jahrhunderte das Salz überall verteilt.

c) Unsere Erde ist sehr salzhaltig. Die fließenden Gewässer, also die Flüsse und Bäche, waschen das Salz aus dem Boden heraus und transportieren es in die Meere.

Richtig ist Antwort c)

Es sind schon Menschen auf dem Meer verdurstet, obwohl sie von Wasser umgeben waren. Der Grund: Meerwasser darfst du aufgrund des hohen Salzgehalts nicht trinken. Das Salz im Meerwasser zieht nämlich das Wasser aus deinem Körper. Kaum vorstellbar und doch wahr: Wenn du bei Durst nur Salzwasser trinkst, vertrocknest du und stirbst schnell und qualvoll.
Wie aber kam nun das Salz ins Meer?
Unsere Erde besteht aus Gestein und Mineralien – und die enthalten Salz. Wenn Flüsse und Bäche nun über die Felsen und Steine fließen, löst das Wasser das Salz und nimmt es mit. Weil alle Flüsse und Bäche irgendwann einmal im Meer münden, landet auch das Salz schließlich dort.
Nun verdunstet das Wasser in der Sonne und verwandelt sich in Wolken. Das Salz verdunstet nicht mit, es bleibt unten im Meer. Die Wolken regnen irgendwo ab und werden wieder zu Flüssen und Bächen. Die lösen wieder Salz aus den Steinen, das wieder im Meer landet und so weiter . . .
Der Salzgehalt in fließendem Gewässer und auch in Seen mit einem Zu- und einem Abfluss ist so gering, dass es als Süßwasser bezeichnet wird.

Warum leuchten die Sterne?

a) Sterne leuchten, weil sie – wie der Mond – von dem Licht der Sonne angestrahlt werden.

b) Die Sterne am Himmel speichern – wie die Klebesterne im Kinderzimmer – das Tageslicht und verstrahlen es in die Nacht.

c) Die Sterne sind so heiß, dass sie wie glühende Feuerbälle sind, und diese Glut ist für uns sichtbar.

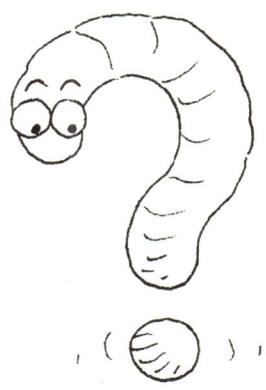

Richtig ist Antwort c)

Die kleinen, winzigen Lichtpunkte am Himmel sind in Wirklichkeit riesengroße, glühende Feuerbälle wie unsere Sonne. Viele von ihnen erreichen eine Temperatur von über 10.000 Grad Celsius. So kommt es, dass wir von der Erde aus die Sterne als funkelnde Goldpunkte am Himmel sehen.

Die meisten Sterne sind mehrere Lichtjahre von uns entfernt. Das bedeutet, dass das Licht, das der Stern ausstrahlt, mehrere Jahre braucht, um von uns auf der Erde gesehen zu werden. Siehst du also einen Stern, kann es sein, dass er längst verglüht ist, es ihn also gar nicht mehr gibt.

Licht hat übrigens eine atemberaubend hohe Geschwindigkeit. In nur einer Sekunde bewegt es sich etwa 300.000 Kilometer vorwärts. Hochgerechnet bedeutet das, dass sich Licht in einem Jahr fast zehn Billionen Kilometer fortbewegen kann!!!

Ist also ein Stern zehn Lichtjahre von uns entfernt, heißt das, dass er etwa 100 Billionen Kilometer weit weg ist.

Ist der Stille Ozean wirklich still?

a) Nein, er wurde nur so genannt, weil der erste Welt-umsegler ihn so ruhig und still erlebt hat.

b) Ja, denn der Stille Ozean unterscheidet sich vor al-lem durch seine vielen Inseln von den anderen Ozeanen. Diese Inseln haben sehr hohe Berge. Die wiederum bremsen den Wind und das ist der Grund für die Windstille und den ruhigen Wellengang des Stillen Ozeans.

c) Nein, der Stille Ozean hört sich an der Oberfläche genauso rauschend an wie die anderen Meere, vor allem bei Sturm. Er trägt seinen Namen, weil in die-sem Meer die wenigsten Fischarten leben und die Unterwasserwelt sich daher wesentlich ruhiger ge-staltet als in allen anderen Weltmeeren.

Richtig ist Antwort a)

Ein portugiesischer Seefahrer namens Ferdinand Magellan segelte von 1519 bis 1521 um die Welt. Dabei entdeckte er eine enge Verbindung zwischen dem Atlantischen und dem Pazifischen Ozean. Diese Verbindung trägt daher auch seinen Namen: Magellan-Straße.

Auf dem Pazifischen Ozean segelte er dann weiter Richtung Westen und stieß auf die Philippinen. Er war der Erste, der diesen großen Ozean überquerte, und er war es auch, der ihm seinen Namen gab. »Pax« ist lateinisch und heißt auf Deutsch »Frieden«. Magellan wählte diesen Namen, weil das Meer zum Zeitpunkt seiner Überfahrt ausgesprochen friedlich und still war.

Aus »Pax« wurde der »Pazifische Ozean« und auf Deutsch: der Stille Ozean.

Es war allerdings ein großer Zufall, dass Magellans Überfahrt in dieser Phase so ruhig verlief, denn normalerweise gibt es auf dem Pazifischen Ozean genauso viele Stürme und unruhigen Seegang wie auf allen anderen Weltmeeren auch.

Der Pazifische Ozean (Pazifik, Großer Ozean, Stiller Ozean) ist übrigens der größte Ozean der Erde. Mit 181,34 Millionen Quadratkilometern bedeckt er über 30 % der Erdoberfläche.

Gibt es »Ohrwürmer«?

a) Ein »Ohrwurm« ist ein Lied, das einem nicht aus dem Kopf geht. In der Natur gibt es tatsächlich Ohrwürmer. Sie heißen so, weil sie dem menschlichen Ohr sehr ähnlich sehen. In der Hoffnung auf Besserung streute man diese Würmer früher pulverisiert in erkrankte Ohren.

b) Ein »Ohrwurm« ist ein Lied, das man stundenlang vor sich hin singt. Der Name »Ohrwurm« stammt von einem Hit aus dem Jahre 1973 mit dem Titel »Ein Ohrwurm im Alpenglühen«. Millionen von Menschen summten damals dieses Lied monatelang vor sich hin.

c) Ein Ohrwurm ist ein Wurm, der im menschlichen Ohr lebt. Das kommt zum Glück sehr selten vor, weil man sich diese spezielle Wurmart nur in den Tropen einfangen kann.

Richtig ist Antwort a)

Wenn dir ein Lied ständig im Kopf herumschwirrt, du es stundenlang vor dich hin singst und es einfach nicht mehr loswirst, dann hast du einen »Ohrwurm«. Und der kann einem ganz schön auf den Geist gehen. Wahrscheinlich kommt das Wort »Ohrwurm« von der Vorstellung, dass sich da ein Lied wie ein Wurm in den komplizierten Gehörgängen des menschlichen Ohrs festgebissen hat.

Es gibt übrigens tatsächlich richtige »Ohrwürmer«, allerdings handelt es sich dabei um Insekten. Den Namen »Ohrwurm« trägt das Tier, weil es mit ausgebreiteten Hinterflügeln ähnlich aussieht wie ein menschliches Ohr. Vor Jahrhunderten gingen die Menschen davon aus, dass man alles aus der Natur, das einem menschlichen Körperteil ähnlich sieht, als Medizin verwenden kann. So kam es, dass der Ohrwurm zu Pulver zermahlen und als Heilmittel gegen Ohrenerkrankungen verwendet wurde.

Dieses Pulver war allerdings ähnlich sinnlos wie das hartnäckige Lied, das einem einfach nicht aus dem Kopf gehen will.

Wie stinken Stinktiere?

a) Stinktiere haben ein außergewöhnlich langsames Verdauungssystem. Ihr Fressen bleibt oft tagelang im oberen Verdauungstrakt. Diese halb verdaute Masse dient ihnen als Verteidigung, indem sie sie einem Angreifer mitten ins Gesicht speien. Der ist ob des Gestanks sofort erledigt.

b) Stinktiere haben eine spezielle Stinkdrüse, aus der sie zur Verteidigung ein übel riechendes Sekret schießen können.

c) Stinktiere stinken gar nicht. Sie tragen diesen Namen, weil ihr amerikanischer Entdecker Francis Stink hieß.

Richtig ist Antwort b)

Stinktiere haben sehr wenige natürliche Feinde: Menschen, die hinter ihrem Fell her sind, und einige Greifvögel, vor allem Eulen, die nicht gut riechen können. Stinktiere haben nämlich eine außergewöhnliche und sehr erfolgreiche Verteidigungsmethode: Sie stinken und das nicht schlecht! Kommt ihnen jemand zu nahe, drohen sie dem Gegner erst, indem sie ihm die Hinterseite zeigen und ihren Schwanz aufrichten. Hat er das nicht kapiert, drehen sie dem Gegner den Kopf zu und fletschen die Zähne. Erst wenn das auch nichts nützt, spritzen sie einen Strahl ihres Stink-Sekrets in hohem Bogen treffsicher auf den Angreifer. Bleibt das immer noch ohne Wirkung, folgen sofort weitere Schüsse.
Das Sekret stinkt so furchtbar, dass manche Opfer tagelang mit Übelkeit zu kämpfen haben. Kommt es auf Wunden oder Schleimhäute, wie Nase oder Augen, kann es heftige Schmerzen verursachen. Eine wahrlich bemerkenswerte Waffe!

Haben Tausendfüßer 1000 Füße?

a) Klar haben sie so viele Füße, sonst würden sie doch nicht so heißen.

b) Nein, die Anzahl der Füße beim Tausendfüßer ist unterschiedlich, sie liegt ungefähr zwischen 1.500 und 2.000. Man hat sich der Einfachheit halber auf den Namen Tausendfüßer geeinigt. Tausendsiebenhundertdreiundsechzigfüßer zum Beispiel hört sich dann doch etwas kompliziert an.

c) Nein, den Namen tragen die Tausendfüßer, weil bei manchen Arten die Anzahl der Beine tatsächlich sehr hoch ist. Die Zahl 1000 erreicht jedoch kein Tausendfüßer.

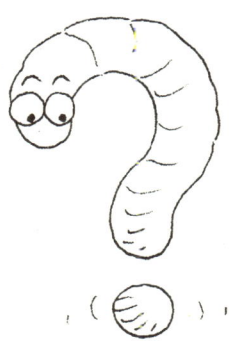

Richtig ist Antwort c)

Der Name »Tausendfüßer« für diese kleinen Gliedertierchen ist leicht übertrieben! Natürlich haben viele Forscher bereits von unzähligen Tausendfüßern die Beinchen gezählt, aber sie sind nie auf mehr als 680 Beine gekommen. Manche Arten haben sogar nicht mehr als 16 und trotzdem tragen sie den gleichen Namen.

Tausendfüßer bestehen, ähnlich wie Regenwürmer, aus vielen gleichartigen, ringförmigen Gliedern. Anders als bei Regenwürmern wachsen bei ihnen allerdings aus jedem dieser Glieder zwei oder vier Beinchen heraus.

Bisher sind über 8.000 verschiedene Tausendfüßer-Arten bekannt. Die Forscher gehen davon aus, dass es noch viel mehr Arten gibt, denn immer wieder werden neue, noch unbekannte und nicht erforschte Tausendfüßer gefunden. Wer weiß, vielleicht wird ja doch noch eine Art entdeckt, die ihrem Namen Ehre macht.

Ist das Tote Meer wirklich tot?

a) Nein, wie kann ein Meer tot sein? Das Tote Meer heißt nur so, weil während einer lang anhaltenden Hitzeperiode im Jahre 1050 v. Chr. Hunderte von durstigen Menschen und Tieren aus Verzweiflung das salzige Meerwasser tranken und daran starben. Denn Salzwasser macht bekanntlich noch durstiger und kann daher tödlich sein.

b) Ja, das Tote Meer wird als tot bezeichnet, weil durch den hohen Salzgehalt weder Pflanzen noch Tiere darin leben können.

c) Nein, der Begriff ist eine Überlieferung aus dem Arabischen und falsch übersetzt worden. Ursprünglich hieß es »Dodida Aqua«. Die richtige Übersetzung lautet »dickes Wasser«, was auf den hohen Salzgehalt des Toten Meeres anspielt.

Richtig ist Antwort b)

Das Tote Meer liegt an der Grenze zwischen Israel und Jordanien. Im Vergleich zu anderen Meeren ist das Tote Meer wirklich ziemlich tot. Das Wasser ist nämlich so salzhaltig, dass keine Lebewesen darin leben können. Lediglich ein paar anspruchslose Bakterien tummeln sich noch im salzigen Wasser.

Und was ist der Grund für den hohen Salzgehalt? Ganz einfach: Das Tote Meer ist eigentlich gar kein Meer, sondern ein riesiger See. Er hat einen Zufluss (den Jordan), aber keinen Abfluss. Also fließt salzhaltiges Wasser in den See hinein, aber nichts mehr hinaus. Und weil es in der Wüste sehr heiß ist, verdunstet das Wasser besonders stark. Nur das Wasser, nicht das Salz, das bleibt im Meer. Dadurch steigt der Salzgehalt im Toten Meer immer weiter an. Er ist zum Beispiel sechs Mal so hoch wie in der Nordsee.

Übrigens: Da Salzwasser sehr gut trägt, kannst du dich im Toten Meer auf das Wasser legen, ohne dabei unterzugehen.

Gibt es Wetterfrösche im Glas?

a) Nein, das ist Quak! Frösche können in einem Glas das Wetter nicht vorhersagen.

b) Ja, bevor es Messinstrumente für die Wettervorhersage gab, hatten viele Haushalte ihren Wetterfrosch vor einem Fenster stehen. Anhand der Standhöhe des Frosches konnte man zuverlässig das Wetter vorhersagen.

c) Ja, es ist heute noch so, dass Meteorologen (Menschen, die das Wetter vorhersagen) zu Hause mehrere Wetterfrösche besitzen, weil sie zuverlässiger sind als alle Messgeräte.

Richtig ist Antwort a)

Ein Wetterfrosch ist ein Frosch, der angeblich Wetter vorhersagt, indem er in einem Glas eine Leiter hinaufklettert oder eben nicht. Ein Spruch dazu lautet: »Klettert die Leiter er hinauf, reißt die Wolkendecke auf.« Und ist das nun wahr?

Nein – und doch ein wenig: Der Frosch klettert tatsächlich bei schönem Wetter nach oben, allerdings nur, wenn er in Freiheit lebt. Die Frösche fressen nämlich am liebsten Insekten. Und die setzen sich bei Sonnenschein gerne auf die oberen Blätter der Sträucher. Unten im Gebüsch ist für den Frosch also bei Sonnenschein nicht viel zu holen. Wenn er Hunger hat, muss er sich schon nach oben bemühen. Bei feuchtem Wetter kann der Frosch unten bleiben, weil die Insekten dann auch nicht hoch hinausfliegen.

Eine richtige Wettervorhersage ist das aber nicht. Denn ein Frosch kann nicht das Wetter der nächsten Tage vorhersagen – schon gar nicht, wenn er in einem Glas lebt. Denn dort bekommt er die Feuchtigkeitsschwankungen überhaupt nicht mit. Sitzt der Frosch in seinem Glas oben auf der Leiter, sieht das vielleicht nach schönem Wetter aus, es handelt sich aber nur um einen hungrigen Frosch, der gerne rausmöchte.

So kann man also davon ausgehen, dass es sich auch bei folgendem Satz nicht um eine zuverlässige Wetterregel handelt: »Lässt der Frosch im Glas 'nen Furz, gibt es einen Wettersturz.«

Was wird aus Elefantenkot hergestellt?

a) Elefantenkot ist zunächst einmal gut für die Bauern, denn er ist ein hervorragendes Düngemittel. Außerdem kann man mit den Gasen des Kots Strom erzeugen und zu guter Letzt sogar noch Papier herstellen.

b) Erst 2001 fanden Wissenschaftler heraus, dass man aus frischem Elefantenkot eine Salbe gegen Hautprobleme herstellen kann. Menschen, die zu blauen Flecken neigen oder deren Wunden extrem langsam verheilen, kann mit der neuen Elefantenpaste geholfen werden. Die Dickhäuter scheiden nämlich über den Kot ein hautschützendes Enzym aus.

c) Elefantenkot ist hellgrau und wird für die Schulen in Indien und Afrika zu Kreide verarbeitet. Getrocknet und gepresst dient er hervorragend als Schreibwerkzeug.

Richtig ist Antwort a)

Zunächst einmal sind Elefantenäpfel ein wunderbares Düngemittel für die Felder der afrikanischen und indischen Bauern. Aber das ist noch nicht alles:
In einer Elefantenstation nördlich von Bangkok (Thailand) zum Beispiel wird durch die Gärung des Elefantenkots ein natürliches Gas hergestellt, das Strom erzeugt. Diese Art von Energieerzeugung gibt es auch auf einigen Bauernhöfen in Deutschland. Hier wird allerdings der Kot von Rindern verwendet. Das ist aber immer noch nicht alles: Der Dung der Dickhäuter eignet sich zusätzlich zur Herstellung von Papier. Kaum zu glauben, aber wahr. Dort in Thailand hat man tatsächlich festgestellt, dass die faserigen Überreste des Kots – also nachdem das Gas entwichen und der Strom erzeugt wurde – zur Herstellung von Papier verwendet werden können.
Damit lösen die Thailänder das tägliche Entsorgungsproblem der Station sehr sinnvoll: Ihre 40 Elefanten produzieren nämlich pro Tag zwischen 1.500 bis 2.000 Kilogramm Dung.
Und ein Versprechen betonen die Wissenschaftler deutlich: Das Papier ist garantiert geruchsfrei!

Wo kommt eigentlich der Wind her?

a) Wind entsteht durch unterschiedliche Sternenkonstellationen. Es gibt Sterne mit sehr intensiver atmosphärischer Strahlung. Je näher sie unserem Planeten stehen, umso stärker bringen ihre Strahlungen unsere Luft in Schwingung.

b) Wind hat etwas mit unseren beiden Polen zu tun. Sie ändern manchmal ihre magnetischen Kräfte und bringen dadurch die gesamte Erdatmosphäre durcheinander. Dadurch entsteht Wind.

c) Durch Sonne erwärmte Luft steigt nach oben und kalte Luft strömt in den frei gewordenen Platz. Dadurch entsteht Bewegung in der Luft – das ist Wind.

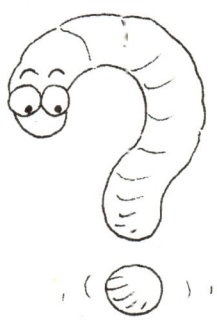

Richtig ist Antwort c)

Warme Luft steigt nach oben, weil sie leichter ist. Heißluftballons können zum Beispiel nur aus diesem Grund fliegen. Die Luft im Ballon wird erwärmt und schon geht's nach oben. So funktioniert auch eine Weihnachtspyramide. Die erhitzte Kerzenluft steigt so schnell nach oben, dass sie sogar die Flügel anstoßen und in Bewegung setzen kann.

Wenn Luft durch Sonne erwärmt wird, steigt sie genauso nach oben. Dort, wo sie vorher war, ist nun ein Loch, das sofort von kalter Luft geschlossen wird. Und so geht das eine Weile: Heiße Luft steigt hoch und kalte strömt nach. Die Luft um uns herum gerät also in Bewegung. Sehen können wir diese Bewegung nicht, aber spüren, denn sie ist nichts anderes als Wind.

Welcher Pilz ist am giftigsten?

a) Der »Kahle Krempling« sieht so unappetitlich aus, dass weder Tier noch Mensch ihn jemals essen würden. Und das ist gut so, denn wer seine grüngrau schleimige Oberfläche auch nur mit der Zungenspitze berührt, stirbt innerhalb von wenigen Sekunden. 1989 verlor ein Bauer aus Südtirol seine gesamte Rinderherde, weil einer dieser seltenen Pilze ins Heu gelangt war.

b) 90% aller tödlichen Pilzvergiftungen muss der »Grüne Knollenblätterpilz« auf seine Kappe nehmen. Da er leicht zu verwechseln ist, landet er des Öfteren versehentlich in der Pilzsuppe. Das eine oder andere Mal soll er aber auch schon als Mordwaffe verwendet worden sein!

c) Weil die Vogelspinne keine eigenen Giftdrüsen besitzt, zapft sie nach jeder Mahlzeit an einer Art Gifttankstelle, dem »Grauen Kreuzbandpilz«. Als Gegenleistung verteilt die Spinne seine Sporen, die in ihren haarigen Beinen hängen bleiben.

Richtig ist Antwort b)

Jedes Jahr sterben Menschen, nachdem sie sich aus selbst gesammelten Pilzen eine Mahlzeit gekocht haben. Schuld daran ist in den meisten Fällen der »Grüne Knollenblätterpilz«. Mit seiner weißen, manchmal nur ganz zart grünlichen Kappe und seinem süßlichen Geruch ist er leicht mit einem Wiesenchampignon zu verwechseln. Dieser köstliche Speisepilz hat nämlich auch oft einen knolligen, nach unten dicker werdenden Stiel. Der einzige sichere Unterschied sind die Lamellen, das sind die feinen, senkrecht stehenden Häutchen auf der Unterseite des Hutes. Beim Champignon sind sie rosa oder bräunlich gefärbt. Der »Grüne Wulstling«, wie der Knollenblätterpilz auch manchmal genannt wird, hat dagegen weiße Lamellen. Schon ein kleines Stückchen des Pilzes kann tödliche Folgen haben. Wer sich nicht wirklich auskennt, sollte sich seine Pilze also lieber im Laden kaufen!

Wo kommen die Tränen her?

a) Wenn wir eine starke Gefühlsregung haben, ziehen sich all unsere Hautdrüsen eng zusammen. Wir verschließen uns regelrecht, das ist eine reflexartige Schutzfunktion. Da nun über die Haut kein Schweiß mehr entweichen kann, wir aber in Gefühlswallung besonders stark schwitzen, sondern wir Schweiß über die Augen ab.

b) Hinter unseren Augen befinden sich große, sackähnliche Behälter, in denen die Tränenflüssigkeit gelagert wird. Wenn sie aufgebraucht ist, kannst du erst mal eine Weile nicht mehr weinen. In der Zeit solltest du mehr trinken als sonst, damit sich die Behälter wieder füllen.

c) Die Tränen werden von kleinen Drüsen produziert, die sich am oberen Rand der Augenhöhlen befinden. Sie sondern ununterbrochen Flüssigkeit ab, die das Auge vor Infektionen schützt. Sobald ein Fremdkörper im Auge landet oder eine Gefühlsregung den Körper erschüttert, produzieren sie Tränen.

Richtig ist Antwort c)

Am oberen Rand deiner Augenhöhlen befinden sich die sogenannten Tränendrüsen, die rund um die Uhr Flüssigkeit produzieren. Diese besteht aus Wasser, Eiweiß, Salz und ein bisschen Fett. Mit dem Zwinkern deiner Augenlider verteilst du die Flüssigkeit regelmäßig über deine Hornhaut. Dieser Tränenfilm schützt das Auge vor Infektionen und kleinen Fremdkörpern, wie zum Beispiel Staub.

Landet allerdings einmal etwas Größeres in deinem Auge, wie zum Beispiel eine Mücke, erteilt das Gehirn den Befehl an die Tränendrüsen, die Schleusen zu öffnen. Sofort werden die Augen überflutet und die Mücke wird weggespült.

Diese medizinisch notwendigen Tränen gibt es bei Tieren auch. Die seelischen Tränen aber, also die, die bei Trauer, Schmerz, Wut, großer Freude oder Rührung fließen, kennen nur die Menschen. Warum die menschlichen Tränendrüsen loslegen, sobald sich derartige Gefühle regen, ist den Wissenschaftlern noch unklar. Nicht weinen – sie werden es schon noch herausfinden!

Wie und warum bekommen wir Schluckauf?

a) Schluckauf ist einfach nur eine Verwirrung der Nerven im Atembereich. Er ist völlig nutzlos. Lediglich im Bauch deiner Mutter half er dir, dich schon einmal auf das Atmen vorzubereiten.

b) In der Steinzeit brüllten die Menschen noch wie Raubtiere, sobald sie in Gefahr waren oder sich verteidigen mussten. Aus dieser Zeit ist nur der Schluckauf zurückgeblieben. Er ist der mickrige Versuch zu brüllen, sobald du dich erschreckt hast.

c) Sobald zu viele Schadstoffe in deinen Körper eingedrungen sind, wird er aktiv und fängt an zu hicksen. Bei jedem Hickser gerät der Blutkreislauf in Wallung und hilft dadurch, die Schadstoffe schneller über die Haut wieder auszuscheiden.

Richtig ist Antwort a)

Du kannst einen Schluckauf bekommen, wenn du zum Beispiel etwas Kaltes trinkst oder dich erschreckst. Damit verwirrst du die Nerven, die für das Ein- und Ausatmen zuständig sind. Sie geben immer zum richtigen Zeitpunkt die richtigen Befehle, sind also sozusagen Herrscher über die verschiedenen Tätigkeiten, die dein Körper beim Atmen verrichten muss. Sind die Nerven aber verwirrt, also im Stress, geben sie die Befehle viel zu schnell. Und das Zwerchfell zieht sich dann ruckartig zusammen. Schluckauf ist völlig harmlos und vor allem auch sinnlos.

Nur früher, als du noch im Bauch deiner Mutter warst, war der Schluckauf wichtig. Mit ihm hast du dort nämlich das Atmen trainiert.

Um einen Schluckauf wieder loszuwerden, kannst du zehnmal hintereinander schlucken, dich von einem anderen erschrecken lassen, die Luft anhalten . . . Mit der Zeit beruhigt sich das Zwerchfell schon wieder und mit ihm der Schluckauf.

Warum werden aufgeschnittene Äpfel braun?

a) Es liegt daran, mit was für einem Messer du den Apfel aufschneidest. Wenn es nicht absolut sauber ist, reagiert der Apfel sofort, indem er seinen keimtötenden braunen Saft ausscheidet, der das Fruchtfleisch vor Keimen schützt.

b) Stoffe, die im Fruchtfleisch enthalten sind, verbinden sich mit der Luft. Das ist ein chemischer Vorgang und heißt »oxidieren«. Das Fehlen dieser Stoffe lässt den Apfel braun werden.

c) Viele Wissenschaftler gehen davon aus, dass Äpfel auch eine Art Seele haben. Liegt ein Apfel also zu lange unbeachtet herum, ärgert er sich schlicht und ergreifend braun.

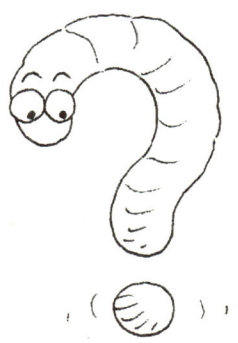

Richtig ist Antwort b)

Das ist wirklich lästig: Wenn ein Apfel zu lange aufgeschnitten herumliegt, sieht er braun und ungenießbar aus. Ganz egal, ob er auf dem Küchentisch oder in der Dose in der Schultasche liegt.

Schuld daran ist eine chemische Reaktion. Sobald das Fruchtfleisch nämlich mit Sauerstoff, also der Luft, in Berührung kommt, verbinden sich Teilchen aus dem Apfel mit dem Sauerstoff. Dieser Vorgang wird »Oxidation« genannt. Da auch Vitamine (besonders das in Äpfeln enthaltene Vitamin C) an der Luft oxidieren, nimmt der Vitamingehalt des Apfels ab, wenn er länger an der Luft liegt. Je brauner er also ist, umso weniger Vitamin C enthält er noch.

Es gibt übrigens mehrere Früchte und Gemüsearten, die an der Luft braun werden: Kartoffeln zum Beispiel und auch Avocados.

Ein Tipp: Wenn du auf die aufgeschnittene Stelle etwas Zitronensaft träufelst, wird das Fruchtfleisch nicht so schnell braun. Denn der Zitronensaft legt sich wie ein schützender Mantel über die Frucht.

Findet ein blindes Huhn auch mal ein Korn?

a) Die Redensart wird für Menschen verwendet, die etwas dusselig sind, aber trotzdem hin und wieder Erfolg haben. Und das hat viel mit Hühnern zu tun. Sie sind zwar nicht dusselig, dafür aber blind, picken wild auf dem Boden herum und treffen nur selten etwas Essbares, aber gerade oft genug, um nicht zu verhungern.

b) Hühner sind nicht blind, aber ihre Küken sind äußerst unbeholfen. Sie picken auf alles, was glänzt. Dabei erwischen sie selten etwas Essbares. Sie haben es also in ihren ersten Tagen mit der Nahrungssuche ziemlich schwer, daher die Redensart.

c) Es gibt ein Märchen von Hans Christian Andersen, darin geht es um ein blindes Huhn, das trotz seiner Behinderung das fleißigste Huhn am Bauernhof ist. Es legt nicht nur täglich drei Eier, sondern hilft dem Bauern sogar bei der Ernte. Zur Belohnung versteckt der Bauer an Ostern ganz viele Körner für das Huhn. Und immer wenn es eines findet, ruft die Hühnerschar neidisch: »Ein blindes Huhn findet auch mal ein Korn!«

Richtig ist Antwort b)

Die Redensart vom blinden Huhn, das auch mal ein Korn findet, verwenden wir, wenn einem eher erfolglosen Menschen einmal etwas gelungen ist.

Und die Redewendung passt recht gut, denn ein blindes Huhn ist tatsächlich äußerst unbeholfen. Verbindet man einem Huhn nämlich die Augen (was Wissenschaftler wirklich getan haben!), pickt es gar nichts mehr vom Boden auf, selbst wenn es hungrig ist.

Es ist sowieso recht kompliziert für ein Huhn, sich die Fertigkeit der Nahrungssuche anzueignen. Da Hühnerküken Nestflüchter sind, können sie loslaufen, sobald sie aus dem Ei geschlüpft sind. Allerdings hat das Küken zunächst keine Ahnung, womit es Durst und Hunger löschen könnte. So pickt es schlicht und ergreifend auf alles, was glänzt.

Ein Wissenschaftler schlug mal einen Nagel in ein Brett und die hungrigen Küken verwechselten den Nagelkopf mit Futterkörnchen und pickten nach ihm – dabei trafen sie allerdings äußerst selten. Ein Menschenbaby würde sich aber mindestens genauso »dumm anstellen«, wenn es mit einem Hammer einen Nagel treffen müsste.

Wo ist das Meer, wenn Ebbe ist?

a) Der Mond zieht das Wasser an. Bei Ebbe steht er direkt über dem Meer und daher fließt das Wasser vom Strand weg in seine Richtung.

b) Ebbe und Flut werden durch die Anziehungskraft des Erdkerns ausgelöst, die mal stärker (Ebbe) und mal schwächer (Flut) ist. Bei Ebbe zieht der Kern das Wasser so stark an, dass ein beträchtlicher Teil des Meeres durch viele kleine Kanäle nach unten ins Erdinnere gezogen wird.

c) Ebbe herrscht nur, wenn die Sonne stark scheint. Die kräftigen Sonnenstrahlen erwärmen das Meer und es verdunstet. Das verdunstete Wasser verwandelt sich wieder zurück, sobald die Sonne am Abend ihre Kraft verliert. Dann ist Flut.

Richtig ist Antwort a)

Sonne und Mond ziehen das Wasser an. Der Mond allerdings viel stärker, weil er der Erde näher ist.
Sobald der Mond über dem Meer steht, wirkt er wie ein Magnet auf das Wasser und es fließt in seine Richtung. Es läuft also vom Ufer weg – dann ist Ebbe.
Und wenn der Mond weiterwandert, fließt das Wasser wieder zurück – dann ist Flut.
Hätte die Erde nicht ihre eigene Anziehungskraft, würde das Wasser wahrscheinlich auf direktem Weg hoch zum Mond sausen. So aber wird es von der Erde festgehalten. Es sammelt sich sozusagen auf der Erde unter dem Mond und wandert mit ihm. Sobald der Mond für ein paar Stunden verschwunden ist, breitet sich das Wasser wieder aus.
Bei Neumond kommt die Anziehungskraft der Sonne noch hinzu, weil da Erde, Mond und Sonne in einer Linie stehen. Dann kann es zu sogenannten Springfluten kommen, denn Sonne und Mond gemeinsam setzen natürlich das Wasser noch stärker in Bewegung.

Warum haben Zebras Streifen?

a) Zebras gibt es erst seit ungefähr zwei Jahrhunderten. Ein spanischer Landwirt kreuzte damals einen weißen Schimmel mit einer schwarzen, kleinen Ponydame. Die daraus entstandenen Kinder waren schwarz-weiß gestreift und die ersten Zebras der Welt.

b) Die Zebrastreifen auf den Zebras erfüllen überhaupt keinen Sinn und Zweck, im Gegensatz zu den Zebrastreifen auf der Straße. Sie sind einfach nur eine Laune der Natur, weiter nichts.

c) Die Streifen dienen als Tarnung. Aus der Entfernung verschwimmt das Schwarz-Weiß zu einem Grau. So hat der Feind aufgrund der verwirrenden Muster Schwierigkeiten, in der Herde ein einzelnes Opfer auszumachen.

Richtig ist Antwort c)

Obwohl das Muster des Zebrafells aus der Nähe betrachtet eher auffällig ist, dient es in der afrikanischen Steppe als Tarnung. In der Wüste flimmert nämlich die Luft, weil es dort so heiß ist. Dadurch verschwimmen die vielen Streifen des Zebras in der Entfernung zu einem diffusen Grau. Und ist der Feind (z. B. ein Leopard oder ein Löwe) dicht bei der Herde, kann er sie zwar sehen, hat jedoch Schwierigkeiten, ein einzelnes Opfer in dem irreführenden Streifenmeer auszumachen. Das gleiche Problem hat die Tsetsefliege, ein lästiges Insekt, das richtig gefährlich werden kann, weil es Krankheitserreger in sich trägt. In den gebogenen Augen der Insekten lösen sich die gestreiften Zebras regelrecht auf und so können die stechenden Biester ihre Opfer nicht finden. Daher ist die Streifenbildung der Zebras in Regionen, in denen die Tsetsefliege nicht vorkommt, tatsächlich weniger ausgeprägt.

Die Zeichnung eines jeden Tieres ist übrigens so unterschiedlich wie die Fingerabdrücke der Menschen. Ein Zebra ist also einmalig und unverwechselbar. Familienmitglieder erkennen einander dank des einzigartigen »Strichcodes« immer wieder.

Was ist ein Sonnenstich?

a) Hin und wieder schickt die Sonne einen besonders starken Sonnenstrahl auf die Erde, der dich an der ungeschützten Haut leicht verletzen kann. Das passiert nur äußerst selten und ist so ungefährlich wie das Brennen der Brennnessel.

b) Einen Sonnenstich kannst du bekommen, wenn du dich zu lange mit ungeschütztem Kopf in der prallen Sonne aufhältst. Dann kann es nämlich passieren, dass die Sonne deine Hirnhäute reizt, die direkt unter der Schädeldecke liegen. Besonders gefährdet sind Menschen mit wenig oder gar keinen Haaren und Kleinkinder.

c) Einen Sonnenstich gibt es überhaupt nicht. Diese Krankheit haben Eltern nur erfunden, damit ihre Babys und Kleinkinder die Sonnenhüte auflassen und unter dem Sonnenschirm sitzen bleiben, damit sie nicht verloren gehen.

Richtig ist Antwort b)

Wenn die Sonne lange und stark auf deinen Kopf scheint, kann es passieren, dass deine Hirnhäute, die direkt unter der Schädeldecke liegen, gereizt werden. Dann hast du einen Sonnenstich. Und das ist gar nicht lustig! Typische Anzeichen dafür sind ein knallroter und heißer Kopf, relativ kühle Haut, Kopfschmerzen, Übelkeit, Erbrechen und Schwindel. Manchmal kannst du auch einen steifen Hals bekommen und in ganz schlimmen Fällen endet ein Sonnenstich sogar tödlich. Menschen mit wenig oder gar keinen Haaren auf dem Kopf müssen besonders achtgeben, denn bei ihnen knallt die Sonne direkt auf die Schädeldecke und das darunter liegende Gehirn. Und Kleinkinder müssen auch immer eine Kopfbedeckung in der Sonne tragen, selbst wenn sie ganz viele Haare haben, denn bei ihnen ist die Schädeldecke noch viel dünner als bei Erwachsenen.

Wird die Erde schwerer, weil immer mehr Menschen auf ihr leben?

a) Klar wird die Erde schwerer! Jeder erwachsene Mensch wiegt schließlich im Durchschnitt 75 Kilogramm und die Erdbevölkerung nimmt ununterbrochen zu. Doch noch wirft das Gewicht unseren Planten nicht aus der Umlaufbahn. Wissenschaftler haben ausgerechnet, dass das erst in ungefähr 250 Millionen Jahren der Fall wäre, wenn das Wachstum weiter so voranschreiten würde.

b) Die Erde wird nicht schwerer wegen der wachsenden Bevölkerungszahlen. Denn sie ist ein sogenanntes geschlossenes System. Das bedeutet, dass alles, was wächst, aus etwas anderem, das schon auf der Erde existiert, entsteht.

c) Die Erde wird mit der steigenden Bevölkerungszahl immer schwerer. Weltraumforscher sind schon seit Ende des 20. Jahrhunderts damit beschäftigt, das wachsende Gewicht auszugleichen, indem sie Gewichte von der Erde in den Weltraum transportieren. Würden sie das nicht tun, hätte die Erde schon lange ihr Gleichgewicht verloren.

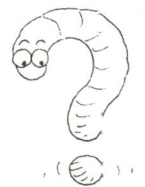

Richtig ist Antwort b)

Im Jahr 1800 betrug die Weltbevölkerung ungefähr 900 Millionen, im Jahr 1915 etwa 1,8 Milliarden. Die Verdoppelung der Bevölkerungszahl brauchte also 115 Jahre. Der nächste Verdoppelungsschritt auf 3,6 Milliarden war 1970 vollzogen, nach nur 55 Jahren. Mittlerweile leben ungefähr 6,5 Milliarden Menschen auf der Erde!
Trotz dieses rasanten Bevölkerungswachstums wird die Erde nicht schwerer. Denn alle Lebewesen wachsen aus dem, was Mutter Erde zur Verfügung stellt. Alles Leben auf diesem Planeten ist also nichts anderes als ein Kreislauf. Gibt es mehr Menschen, muss sich eben mehr Materie in Menschen verwandeln. Die Erde ist ein sogenanntes geschlossenes System. Von außen kommt also nichts Neues und es geht auch nichts verloren. Daher bleibt das Gewicht der Erde konstant. Sie wiegt übrigens 5,972 Tausend Trillionen Tonnen. Das ist eine Zahl mit 24 Nullen!

Wie sprechen Bauchredner?

a) Die Bauchrednerkunst kann jeder erlernen. Es ist lediglich ein Trick, zu dem eine bestimmte Atemtechnik und viel Übung gehören.

b) Die Bauchrednerkunst wird wohl für immer ein Geheimnis bleiben, denn der weltweite Dachverband der Bauchredner hat festgesetzt, dass kein Mitglied jemals das Geheimnis, bzw. den Trick, verraten darf. Und daran hielten sich bis jetzt tatsächlich alle!

c) Bauchredner sprechen mit dem Bauch, logisch, sonst würden sie ja nicht so heißen. Sie sind mit einem vergrößerten Bauchnabel auf die Welt gekommen, durch den sie dank einer besonderen Atemtechnik sprechen können.

Richtig ist Antwort a)

Als Kind hast du vielleicht mal die Magie eines Bauch-
redners bestaunt und warst davon überzeugt, dass dieser Bauch ein Eigenleben besaß. Aber ein Bauchredner
beherrscht einfach nur eine ausgeklügelte Technik.
Wichtig ist das Atmen. Beim normalen Sprechen
bringst du mit der ausströmenden Luft die Stimmbän-
der zum Schwingen. Mithilfe deiner Zunge und dem
Mundraum baust du aus dem Ton dann Wörter. Beim
Bauchreden hält der Künstler die eingeatmete Luft mit
dem Zwerchfell im Bauch fest und presst sie dann
durch die Luftröhre nach oben. Auf diese Weise kann
er leichter mit seiner Zunge, dem Mundhöhlenraum
und dem Kehlkopf Wörter formen, ohne seine Lippen
dabei zu bewegen. Manche Laute wie P, M und F werden durch ähnlich klingende ersetzt. Aus »Mama« wird
zum Beispiel »Nana«.
Und so ein Wort spricht der Bauchredner dann sehr
schnell, produziert zusätzlich noch einen Zungen-
schlag im Gaumen, sodass der Zuhörer den »Fehler«
gar nicht wahrnimmt.
Schwierige Wörter werden einfach vermieden. Mit viel
Übung kann also jeder das Bauchreden lernen.

Welche Pflanze wächst am schnellsten?

a) Wenn etwas besonders schnell wächst, sagt man oft »es schießt wie Pilze aus dem Boden« – nicht ohne Grund: Der Gelbe Parasol wächst in einer Minute bis zu 3 cm! Da er dies, wie alle Pilze, am liebsten in feuchten Regennächten tut, wird er dabei selten beobachtet.

b) Mit einer Spitzengeschwindigkeit von 0,5 Kilometer in der Stunde breitet sich die »Megakilleralge« im Atlantischen Ozean aus. Die eigentlich für Aquarien gezüchtete, hübsche grüne Pflanze ist über die Kanalisation ins Meer gelangt und droht nun, das ökologische Gleichgewicht zu zerstören.

c) Aus Bambus kann man Häuser, Möbel, Schiffe, Geschirr, Rohre, Seile, köstliche Speisen und Zahnstocher machen. Zum Glück wächst die für viele Menschen und Tiere lebensnotwendige Pflanze schnell nach: bis zu 120 Zentimeter am Tag!

Richtig ist Antwort c)

Ungefähr einmal in hundert Jahren blüht ein Bambuswäldchen, um im darauffolgenden Jahr zu sterben. Die sogenannten Rhizome, eine Art Wurzelgeflecht, leben allerdings unterirdisch weiter. Nach einem siebenjährigen Dornröschenschlaf beginnt ein Wachstumswettbewerb. Die Halme des asiatischen Riesengrases schießen in die Höhe, bis zu 120 Zentimeter am Tag. Es geht so schnell, dass man den einzelnen Sprossen beim Wachsen zusehen – und sogar zuhören kann! In ca. 60 Tagen streckt sich die Pflanze leise knisternd zu einer Höhe von über 35 Metern, dann ist sie ausgewachsen. Und etwa 93 Jahre später wird das Bambuswäldchen dann einmal blühen . . . und alles fängt wieder von vorne an.

Übrigens: Wenn man von einem Bambus einen Ableger nimmt und ihn am anderen Ende der Welt in die Erde setzt, wird er dennoch gleichzeitig mit der Mutterpflanze Blüten entwickeln und eingehen.

Warum gähnen wir manchmal?

a) Gähnen ist eine körpereigene Säuberungsaktion. Durch das Gähnen strömt besonders viel Luft durch deinen ganzen Körper und die vielen Bakterien und Viren, die sich im Laufe des Tages an deiner Lunge festgesetzt haben, werden durch das heftige Ausatmen herausgeschleudert.

b) Du gähnst nur, wenn du zu viel im Magen hast. Ist dein Körper mit der Verdauung überlastet, sendet er an das Gehirn die Bitte um einen kräftigen Gähner. Die schlagartige Überflutung mit Sauerstoff durch das Gähnen setzt nämlich große Mengen Magenflüssigkeit in Gang. Die wiederum ist wichtig für die Verdauung.

c) Wenn du gähnst, bringst du deinen schlappen, müden Körper wieder in Schwung, weil Gähnen den Blutkreislauf anregt und dem Gehirn wieder den nötigen Sauerstoff liefert.

Richtig ist Antwort c)

Du gähnst, wenn du müde bist oder dich langweilst – wenn also dein Körper nicht mehr so richtig fit ist. Dann fließen nämlich zu wenig Blut und Sauerstoff durch dein Gehirn. Ohne Sauerstoff kann das Gehirn aber nicht arbeiten, also sendet es an deinen Körper eine Art Notruf, woraufhin der sofort anfängt zu gähnen. Das hilft, denn beim Gähnen atmest du besonders tief und kräftig ein. Damit wühlst du deinen lahmen Blutkreislauf einmal so richtig auf und das Blut kann wieder schwungvoll in dein Herz und dein Gehirn gelangen. Die bekommen dann wieder Sauerstoff, ihre wichtigste Nahrung, und es geht dir gleich viel besser.

Wenn dir bei einem langen, herzhaften, lauten Gähner mal die Tränen kommen oder du dich schnäuzen musst oder dir wohlig warm wird, dann ist das ein Zeichen, dass dein Körper hervorragend arbeitet.

Übrigens: Für das Gähnen solltest du dir Zeit lassen und es nie unterdrücken, denn es ist gesund! Oder du gehst einfach ins Bett und schläfst 'ne Runde, das ist natürlich noch gesünder!

Warum bekommen viele Menschen im Alter graue Haare?

a) Deine Haare reagieren sehr empfindlich auf deinen Seelenzustand. Wenn du zu lange traurig, wütend oder einsam bist, werden sie plötzlich, von einem Tag auf den anderen, grau.

b) Graue Haare haben nichts mit dem Alter zu tun, sondern mit der Häufigkeit des Abschneidens. Je öfter du deine Haare schneidest, desto schneller werden sie grau. Denn die Farbe in deinen Haaren fließt ständig rauf und runter. Kappst du einen Teil ab, reduzierst du die Farbreserve in deiner Kopfhaut.

c) Im Laufe der Jahre werden die Zellen, die den Farbstoff für unsere Haare produzieren, müde. Sie hören einfach auf zu arbeiten. Das Haar wächst dann noch weiter, allerdings farblos. Aber es reflektiert das Licht und wirkt daher grau.

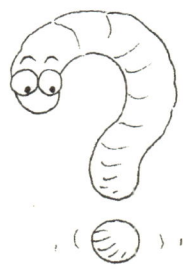

Richtig ist Antwort c)

In unserer Haut gibt es Zellen, die das sogenannte Melanin produzieren. Das Melanin ist für unsere Haut- und Haarfarbe zuständig und kann verschiedene Farbtöne bilden. Es gibt rote, braune, schwarze oder blonde Haare.

Mit zunehmendem Alter produzieren die Zellen an den Haarwurzeln immer weniger Melanin. Es geht ihnen sozusagen die Puste aus, bis sie schließlich endgültig schlappmachen und ganz mit der Produktion aufhören. Das Haar wächst dann farblos aus der Wurzel nach. Und es wirkt grau – beziehungsweise manchmal auch weiß, weil es das Licht reflektiert.

Warum lassen Hunde bei Anstrengung die Zunge raushängen?

a) Hunde haben nur wenige Schweißdrüsen am Körper. Wenn sie sich angestrengt haben oder es draußen sehr heiß ist, benutzen sie ihre Zunge, um überflüssige Wärme aus ihrem Körper loszuwerden. Ihr Hecheln hat also die gleiche Funktion wie das Schwitzen bei den Menschen.

b) Wenn Hunde die Zunge raushängen lassen und hecheln, ist Vorsicht angesagt. Das Zunge-Zeigen ist die Vorstufe zum Zähne-Fletschen. Sie signalisieren damit: »Kein Bock auf niemand!«, und: »Fass mich nicht an!«

c) Hunde hassen Anstrengung! Sobald sie sich endlich hinlegen dürfen, lassen sie einfach alles hängen, was möglich ist: den Körper, den Kopf, die Ohren und eben die Zunge. Sie haben ja keinen Spiegel, der ihnen zeigt, wie sie damit aussehen. Mit ihrem Hecheln bringen sie also lediglich ihre Erschöpfung zum Ausdruck.

Richtig ist Antwort a)

Der menschliche Körper schwitzt überflüssige Wärme über die Schweißdrüsen der Haut aus. Besonders im Sommer oder beim Sport ist das Schwitzen zwar oft lästig, aber lebensnotwendig, damit wir innerlich nicht verbrennen.

Hunde dagegen haben nur wenige Schweißdrüsen in ihrer Haut und müssen bei Anstrengung oder Hitze die überflüssige Wärme über die Zunge »aushecheln«. Die feuchte Zunge wird beim Hecheln wunderbar kalt, das nennt man Verdunstungskälte. Und da die Zunge gut durchblutet ist, kühlt gleich eine Menge Blut und damit auch die Körperinnentemperatur ab.

Beim Hecheln geht allerdings nicht nur Wärme, sondern auch Flüssigkeit verloren. Daher ist es Tierquälerei, einen Hund im Sommer zum Beispiel in einem geschlossenen Auto zurückzulassen. Bleibt er zu lange darin, muss er furchtbar hektisch hecheln und verliert dabei viel Feuchtigkeit. Hat er nichts zu trinken, ist es für ihn eine Qual.

Gibt es Vögel, die rückwärts fliegen können?

a) Natürlich gibt es Vögel, die rückwärts fliegen können: alle! Für die Vögel ist der Rückwärtsflug ähnlich einfach wie für dich der Rückwärtsgang.

b) Es gibt nur eine einzige Vogelart, die rückwärts fliegen kann: der Kolibri. Er ist sowieso der größte Flugakrobat unter den Vögeln. Mit seiner Fähigkeit, bis zu 200-mal in der Sekunde mit den Flügeln zu schlagen, vollführt er wahre Kunststücke.

c) Ja, es gibt zwei Vogelarten, die rückwärts fliegen können: die Möwe und der Pelikan. Beide ernähren sich von Fischen und ihre besondere Flugtechnik macht es ihnen möglich, im Flug an ihre Beute heranzukommen. Sie gleiten scharf beobachtend über der Oberfläche, drehen dann blitzartig ihre Flügel herum, sausen rückwärts und schnappen sich die eben gesichteten Fische.

Richtig ist Antwort b)

Ja, es gibt tatsächlich eine Vogelart, die rückwärts fliegen kann: der Kolibri. Mit seinen ausgefeilten Flugkünsten ist er einzigartig in der Vogelwelt. Wenn er auf Nahrungssuche ist, zieht er mit seiner langen Zunge den Nektar aus frei hängenden Blüten heraus – im Flug! Um das zu erreichen, schlägt er ungefähr 80-mal pro Sekunde mit seinen Flügeln, und zwar nicht auf und ab, sondern in Form einer liegenden Acht.

Wenn das Kolibrimännchen auf Weibchensuche ist, vollführt es regelrechte Tänze mit Pirouetten und Sturzflügen, um der Frauenwelt zu imponieren. Dabei erreicht es sogar 200 Schläge in der Sekunde und kann bis zu 95 Stundenkilometer schnell werden.

Diese sportlichen Höchstleistungen kosten natürlich entsprechend viel Energie. Daher braucht der Kolibri Unmengen an Nahrung. Die Hauptspeise des Kolibris ist Nektar. Ein- bis zweitausend Blüten leert er jeden Tag. Ein erwachsener Mann müsste ungefähr 190 Kilogramm Kartoffeln verputzen, um dieselbe Menge Energie zu sich zu nehmen!

Machen Katzen Katzenwäsche?

a) Menschen, die »Katzenwäsche« machen, gelten als dreckig. Dabei sind Katzen äußerst saubere Tiere. Wahrscheinlich kommt die Redensart daher, dass Katzen kein Wasser mögen. Sie putzen sich mit den Pfoten, der Zunge und mit Spucke. Und da die Menschen zur Reinigung immer Wasser benötigen, gelten wasserscheue Wesen als unsauber.

b) Der Ausdruck »Katzenwäsche« kommt aus Afrika, wo noch wilde Katzen leben. Sie reinigen sich nie, ganz im Gegenteil: Sie sorgen durch Schlammbäder dafür, dass die Dreckschicht an ihrem Körper immer dicker wird. Denn der Dreck dient zum Schutz vor tödlichen Viren, die bekanntlich Dreck hassen.

c) Katzenwäsche bedeutet ganz einfach, sich so zu waschen, wie Katzen es tun. Und zwar sich zu lecken und die Dreck- und Fettschicht aus den Haaren zu streichen. Menschenbabys tun das noch instinktiv, doch da es in unserem heutigen Kulturkreis als unhygienisch gilt, wird ihnen das schon in den ersten Lebenswochen abgewöhnt.

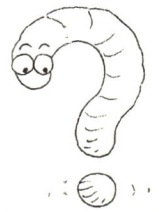

Richtig ist Antwort a)

Ein Mensch, der eine »Katzenwäsche« macht, gilt als dreckig. Dabei sind Katzen sehr saubere Tiere. Zu ihrer täglichen Fellpflege gehören zum Beispiel Sonnen- und Staubbäder, um die Parasiten aus dem Fell zu vertreiben. Anschließend holen sie ganz hartnäckiges Kleinvieh mit den Pfoten heraus und striegeln das Fell regelrecht mithilfe von Zunge und Spucke. Außerdem halten sie mit den Vorderpfoten und den Krallen sogar ihre Zähne sauber, was für ein Raubtier natürlich besonders wichtig ist. Wahrscheinlich kommt der Ausdruck der »Katzenwäsche« bei Menschen daher, dass Katzen sehr wasserscheue Tiere sind. Sie stammen nämlich von den Steppenkatzen ab, in deren Heimat Wasser eher Mangelware ist. Und da für den Menschen Reinlichkeit immer mit Wasser zu tun hat, gilt ein Tier, das den Kontakt mit Wasser scheut, als unsauber.

Wie »funktioniert« eine Brieftaube?

a) Dass Tauben Briefe überbringen können, ist ein mittelalterlicher Aberglaube. Er beruht auf einer Geschichte des Dichters Walther von der Vogelweide, in der Liebende dank eines Briefboten – einer Taube – zueinanderfinden. Seitdem wird die Taube allerorten für weise und klug gehalten. In Wirklichkeit ist genau das Gegenteil der Fall, vor allem hat sie überhaupt keinen Orientierungssinn!

b) Früher hat man Brieftauben tatsächlich als Postboten eingesetzt. Sie fanden den Weg, indem man ihnen vor dem Abflug mittels einer bestimmten »Berührungssprache« den Kurs mitteilte. Streifte der Besitzer den Kopf der Taube, bedeutete das zum Beispiel etwas ganz anderes, als wenn er sie unter dem Flügel kraulte.

c) Brieftauben können tatsächlich Briefe überbringen. Sie haben nämlich einen hervorragenden Orientierungssinn, der sie sogar aus einer Entfernung von bis zu 1.000 Kilometern wieder nach Hause zurückführt.

Richtig ist Antwort c)

In Deutschland leben ungefähr zehn Millionen Brieftauben. Sie werden von ihren Züchtern für Langstrecken-Wettflüge von bis zu 1000 Kilometern eingesetzt. Und sie finden dank ihres stark ausgeprägten Navigationssystems wieder nach Hause zurück. Zum einen können die Tiere anhand der Sonnenposition grob die Richtung ausmachen, sogar bei bedecktem Himmel.

Zum anderen können sie dank eines sehr ausgeprägten Hörsinns Schallwellen wahrnehmen, die das menschliche Ohr nicht kennt. Meerwasser sendet zum Beispiel andere Schallwellen als das Gebirge. Jeder Ort der Erde hat sein eigenes Schallbild. Diese verschiedenen »Bilder« weisen den Tauben den Weg.

Des Weiteren besitzen Tauben die Fähigkeit, das Magnetfeld der Erde wahrzunehmen. Sie tragen also immer einen natürlichen Kompass mit sich.

Übrigens: Die Brieftaube trägt ihren Namen, weil sie früher tatsächlich Briefe transportiert hat. Vor allem Soldaten nahmen Tauben mit auf ihre Feldzüge, um nach Hause schreiben zu können.

Wie kommen die Löcher in den Käse?

a) Käsemasse besteht unter anderem aus viel Milch und einigen Bakterien. Die Bakterien sorgen dafür, dass der Käse reift. Das dauert allerdings eine Weile. In der Zeit produzieren die Bakterien Kohlensäure, also kleine Luftbläschen, wie du sie bestimmt vom Mineralwasser her kennst. Durch diese Luftbläschen entstehen die Löcher.

b) Käse muss lange in einer Halle lagern, bis er richtig lecker wird. Meistens wimmelt es dort von Mäusen. Bevor der Käse in die Läden abtransportiert wird, muss er von Mäusedreck gereinigt werden. Dafür ist der sogenannte Käselöchler zuständig. Er bohrt mit einem bestimmten Käsebohrwerkzeug die Knabberstellen der Mäuse heraus.

c) Löcherkäse wurde im 15. Jahrhundert in Italien erfunden. Auf großen Festen lagen gigantische Käseplatten aus. Und für die Oliven bohrte man extra Löcher in den Käse. Dieser Brauch hat sich bis heute gehalten, allerdings werden die Löcher nur noch in ländlichen Gebieten Italiens traditionsgemäß mit Oliven gefüllt.

Richtig ist Antwort a)

Die Bakterien in der Käsemasse sorgen während des Reifens für die Löcher im Käse und das funktioniert so: Der Käsemasse werden winzig kleine Bakterien zugefügt. Denn mit deren Hilfe wird aus der flüssigen Milchmasse überhaupt erst ein Käse. Es sind äußerst nützliche und ungefährliche Bakterien. Sie sehen aus wie kleine Stäbchen und saugen sich am Fett der Milchmasse satt. Und wie das nun mal so ist: Wenn man gut isst, muss man schon mal rülpsen und pupsen. Das passiert den Bakterien auch. Dadurch entsteht Kohlensäure und dieser Vorgang heißt Gärung. Diese unzähligen »ausgerülpsten« und »ausgepupsten« Kohlensäurebläschen sind es, welche die unterschiedlich großen Löcher im Käse bilden.

Die Löcher sind übrigens auch hörbar: Das Klopfen auf die Rinde eines jungen Käses klingt sehr dumpf. Der Käse, der schon länger lagert, klingt dagegen hohl – wegen der Löcher, oder besser gesagt: wegen der »Bakterienfürze«!

Warum ist das Meer blau?

a) Die Unterwasserwelt ist sehr bunt. Es sind wirklich alle Farben vertreten, welche die Natur hergibt. Allerdings ist der Blauanteil auf den Korallenbänken und sogar bei den Fischen am höchsten. Daher schimmert das ganze Meer bläulich.

b) Das Meerwasser sieht blau aus, weil die einzelnen Farben des Sonnenlichts unterschiedlich im Wasser reagieren. Sonnenlicht besteht ja aus verschiedenen Farben, die wir aus dem Regenbogen kennen. Rot, Orange, Gelb und Grün verschwinden für unser Auge, wenn sie ins Wasser eintauchen, Blau dagegen bleibt sichtbar.

c) Aufgelöstes Salz wird aufgrund einer chemischen Reaktion blau. Daher ist auch das salzige Meerwasser blau. Süßwasser dagegen, in Flüssen oder Seen, ist durchsichtig, weil es kein Salz enthält.

Richtig ist Antwort b)

Wasser ist eigentlich durchsichtig und trotzdem ist das Meerwasser blau. Der Grund ist das Sonnenlicht. Das strahlt nämlich in Violett, Blau, Grün, Gelb und Rot auf die Erdoberfläche. Die einzelnen Farben sind für das menschliche Auge nur zu erkennen, wenn es regnet und zusätzlich die Sonne scheint: Dann sehen wir nämlich einen Regenbogen mit all den Farben des Lichts. Die einzelnen Farben bewegen sich in unterschiedlichen Wellenbewegungen fort, die kürzer oder länger sein können. Rot ist zum Beispiel langwellig, Blau dagegen kurzwellig.

Wenn das Licht nun in die Wasseroberfläche eindringt, wird langwelliges Licht sehr viel besser geschluckt als kurzwelliges. Daher ist der Rotanteil des Sonnenlichts bereits nach wenigen Metern unter Wasser verschwunden (absorbiert). Danach verschwinden nacheinander Orange, Gelb und Grün. Das blaue Licht dagegen wird am wenigsten geschluckt und am stärksten reflektiert, also zur Oberfläche zurückgeworfen. Deshalb erscheint uns das Meer blau.

Welches Tier springt am höchsten?

a) Der Floh war bisher immer der große Springer unter den Tieren. Nach neuesten Erkenntnissen scheint allerdings die Wiesenschaumzikade eine noch größere Springmeisterin zu sein.

b) Ein australisches Riesenkängurumännchen springt bis zu acht Meter hoch, um ein Frauenherz zu gewinnen. Denn nur so gelangt das verliebte Tier an die leckeren Eukalyptusfrüchte, die es der Angebeteten in den Beutel schiebt. Wer könnte da noch widerstehen?

c) Die Seespringgurke stößt sich vom Meeresgrund ab und erreicht eine Sprunghöhe von bis zu 500 Metern, bevor sie wieder auf den Boden zurücksinkt. Während des Sprungs frisst sie Algen und Plankton. Durch den Widerstand des Wassers bewegt sie sich beim Springen allerdings nicht schneller als eine Schnecke.

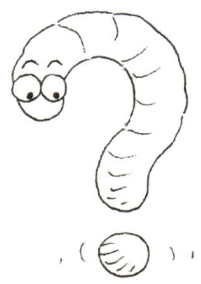

Richtig ist Antwort a)

Ein Floh ist einen Millimeter groß und springt ungefähr 20 Zentimeter hoch. Weil er damit 200-mal so hoch springen kann, wie er groß ist, galt er bislang als Weltmeister im Hochsprung.

Wissenschaftler haben nun ein anderes Sprungtalent entdeckt: Die Wiesenschaumzikade ist sechs Millimeter groß und kann bis zu 70 Zentimeter hoch hüpfen. Doch mit 0,012 Gramm Gewicht ist sie im Verhältnis zum Floh viel schwerer. Mit komplizierten Berechnungen hat man nun die Sprungkraft der beiden im Verhältnis zu Größe und Gewicht herausgefunden. Die Wiesenschaumzikade erreicht mit einem Satz das 414-Fache der Erdanziehungskraft, ein Floh dagegen gerade mal das 135-Fache.

Derart große Sprünge macht das unscheinbare braune Tierchen mit einer ausgeklügelten Technik: Die hintersten zwei ihrer sechs Beine werden mit kleinen Borsten unter dem Bauch verhakt. Dann richtet die Schaumzikade den Oberkörper auf, die Muskeln dehnen sich, die Verankerung löst sich wie bei einem Katapult und unsere Hochsprungmeisterin schnellt ihrem nächsten Rekord entgegen.

Woher kommt der Druck in den Ohren?

a) Der Luftdruck verändert sich, sobald du einen Berg hinauf- oder hinabfährst. Die Luft in deinem Ohr aber verändert sich nicht so schnell. Sie braucht Zeit, um sich dem Außendruck anzupassen, und daher drückt es ein wenig.

b) Die Ohren sind deine sensibelsten Organe. Sie reagieren sofort mit leichtem Schmerz auf schnelle, plötzliche Veränderungen – wie zum Beispiel auf eine zu schnelle Autofahrt, auf das Abtauchen im Schwimmbecken oder auch auf plötzliche Gefühlswallungen. Sie hassen eben Veränderung.

c) Je höher du fährst, beispielsweise in einer Gondel den Berg hinauf, desto weniger Sauerstoffanteil hat die Luft. Dein Ohrenschmalz reagiert darauf sofort, denn Schmalz verhärtet sich, wenn ihm Sauerstoff fehlt. Das hörst und spürst du natürlich in deinem Ohr.

Richtig ist Antwort a)

Das kennst du bestimmt: Du fährst durch die Berge und ständig knackst es im Ohr. Und zwar immer dann, wenn es steil bergauf oder bergab geht. Der Grund ist ganz einfach: Der Luftdruck auf der Erde wird niedriger, je höher du kommst. Wenn du ganz unten im Tal bist, ist der Luftdruck am höchsten, denn unten liegen ja alle Luftschichten aufeinander und »drücken«. Ein Vergleich: Wenn du dich mit deinen Freunden übereinanderlegst, spüren die unteren viel mehr Druck als die oberen. So ist es mit der Luft auch.

Die Luft in deinem Ohr hinter dem Trommelfell passt sich dem Außendruck an. Sobald sich aber der Außendruck verändert – z. B. bei einer Fahrt auf einen Berg –, wird der Druck außen geringer und daher presst die Luft im Ohr nach außen, denn sie hat nicht mehr genug Widerstand. Das kann manchmal wehtun. Wenn du gähnst und es im Ohr knackt, ist ein bisschen Luft entwichen und alles ist wieder gut.

Es sei denn, es geht wieder bergab. Dann fängt alles wieder von vorne an, allerdings umgekehrt. Nun drückt die Luft von außen ins Ohr, bis es sich wieder mit einem Knacks oder Gähner ausgeglichen hat.

Wodurch entstehen Sternschnuppen?

a) Sternschnuppen sind kleine Teilchen aus dem All, die in die Erdatmosphäre eindringen. Durch die Reibung mit der Luft entsteht Hitze und die Teilchen beginnen zu glühen. Diese Feuerkugeln können wir dann sehen, bis sie völlig verglüht sind.

b) Überall zwischen uns leben unsichtbare Engel. Ihr Zuhause ist ein unbekannter Ort im All, wo sie oft hinfliegen. Kommen sie wieder zurück, vergessen manche, sich früh genug unsichtbar zu machen. Daher können wir ab und zu ihre glitzernde Gestalt sehen.

c) Sternschnuppen gibt es seit 1861. Damals schlug ein Meteorit mit einer Geschwindigkeit von 50.000 Stundenkilometern auf einer Insel in der Nähe Mexikos auf. Dabei zersplitterte er in winzige Stücke. Kleine Brocken prallten zurück in den Himmel und sind seither als Sternschnuppen zu sehen.

Richtig ist Antwort a)

Sternschnuppen sind kleine Teilchen aus Eisen oder Gestein, von denen es im All unzählige gibt. Sie sind unterschiedlich groß, viele haben sogar nicht einmal die Größe einer Erbse. Mit einer Geschwindigkeit von zehn bis 70 Kilometern pro Sekunde (!) sausen sie überall herum, denn im All gibt es ja keine Reibung, die sie bremsen könnte.

Ab und zu passiert es, dass einige dieser Teilchen in die Erdatmosphäre eindringen. Sofort entsteht eine gigantische Reibung mit der Lufthülle. Denn unsere Luft besteht aus lauter winzig kleinen, unsichtbaren Teilchen, die alles abbremsen, was sich bewegt.

Durch die Reibung entsteht Hitze. Die Teilchen beginnen zu glühen und ab diesem Moment kannst du ihren Flug verfolgen. Doch meist dauert er nur kurz, denn die Teilchen sind in einer Höhe von 120 bis 70 Kilometern schnell verglüht.

Manchmal gibt es einen regelrechten Sternschnuppenschauer, wenn besonders viele Teilchen aus dem All in die Erdatmosphäre eintreten. Das können Meteorologen voraussagen und es steht meist vorher in der Zeitung. In so einer Nacht brauchst du einen großen Wunschzettel, denn dann leuchtet der Himmel ununterbrochen.

Warum poppt Popcorn?

a) Wenn du Maiskörner mit Öl in einen Topf gibst, entsteht daraus Popcorn. Denn sobald Maiskörner mit Öl in Berührung kommen, gibt es eine chemische Reaktion, bei der sich die Schale des Korns auflöst. Es ist also überflüssig, die Körner zu erhitzen. Wenn du lange genug wartest, funktioniert es auch ohne Wärmezufuhr.

b) Sobald Maiskörner erhitzt werden, dehnt sich das Innere des Korns aus und drückt so heftig gegen die Schale, dass diese irgendwann platzt. Endlich hat das Innere genug Platz, sich zu entfalten – fertig ist das Popcorn.

c) Popcorn poppt gar nicht. Es sieht nur so aus. Sobald die Maiskörner weich gekocht sind, wälzt man sie in einer Zucker- oder Salzmasse, je nach Geschmack. Anschließend kommt das Korn mitsamt seinem leckeren Mantel in eine Röstmaschine – und fertig ist das Popcorn.

Richtig ist Antwort b)

Ein Maiskorn besteht aus einem weichen, feuchten Innenteil und einer harten Schale außen herum. Wenn du nun Maiskörner in einer Pfanne erhitzt, wird natürlich das Innere der Körner warm und fängt an, sich auszudehnen. Und da es auch noch feucht ist, bildet sich zusätzlich Dampf. Der Innenraum wird also bald zu eng und alles drückt so heftig gegen die Schale, dass sie irgendwann mit einem lauten FLOPP platzt. Endlich kann sich das Innere so richtig entfalten. Fertig ist das Popcorn!

Wo wurde die kälteste Temperatur gemessen?

a) Die kälteste Temperatur wurde am geografischen Nordpol gemessen. Im Winter sinkt das Thermometer dort manchmal bis unter −160 Grad Celsius. Die grönländischen Kaltluftströme werden nämlich hier durch die Erdanziehungskraft gebündelt.

b) Jedes Jahr in der Nacht zum 13. August kann man auf dem Berg Ahaggar in der Saharawüste die kälteste Temperatur der Erde messen. Das Kälteloch von bis zu −85 Grad Celsius entsteht dadurch, dass zu diesem Zeitpunkt der höchste Berggipfel auf der nördlichen Halbkugel der Erde am weitesten von der Sonne entfernt ist.

c) Die Wissenschaftler der Klima-Forschungsstation Wostok in der Antarktis sollten warme Pullis im Gepäck haben. Temperaturen von −80 Grad Celsius sind dort keine Seltenheit!

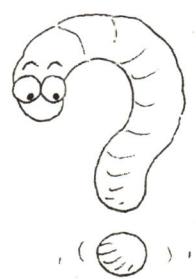

Richtig ist Antwort c)

Die russische Forschungsstation Wostok liegt im Zentrum der Antarktis. Wissenschaftler aus aller Welt erforschen hier die Klimageschichte der Erde.

Normalerweise leben und arbeiten die wissenshungrigen Forscher bei Temperaturen zwischen –30 und –60 Grad Celsius. Am 21. Juli 1983 fiel das Thermometer dort auf die niedrigste Temperatur, die je auf der Welt gemessen wurde: –89,2 Grad Celsius!

Seit Gründung der Station im Jahr 1974 wird im Dienst der Wissenschaft trotz der frostigen Arbeitsbedingungen fröhlich im Eis gebohrt. Bei Untersuchungen dieser Eiskernbohrungen fand man heraus, dass das bis zu vier Kilometer dicke Packeis der Antarktis ca. 420.000 Jahre alt ist. Für die Wissenschaftler ist das Eis ein wertvolles Geschichtsbuch, denn es hat viele Informationen gespeichert, über die sie eine Menge über das vergangene Leben auf der Erde erfahren können.

Warum heißen Meerschweinchen Meerschweinchen?

a) Das Meerschwein entstand aus einem sensationellen Experiment des englischen Biologen James T. Pigfish. Er hat 1846 einem Schwein mehrere Eier eines seiner Aquarienfische in die Gebärmutter gespritzt. Vier Wochen später wurde das erste Meerschweinchen geboren. Er nannte es Meerschweinchen, um beiden Elternteilen gerecht zu werden.

b) Meerschweinchen waren noch vor 300 Jahren Lebewesen, die im Meer lebten. Erst eine Züchtung machte es möglich, dass sie nun auch an Land atmen und sich fortbewegen können. Den »schweinischen« Anteil des Namens erhielten sie, weil sie sich auf dem Meeresgrund genauso gerne suhlten wie Landschweine im Dreck.

c) Ursprünglich kommt das Meerschweinchen aus Mittel- und Südamerika. Als die Europäer es entdeckten, brachten sie es mit nach Europa und tauften es Meerschweinchen, weil es übers Meer kam und wie ein Schwein quiekte.

Richtig ist Antwort c)

Meerschweinchen kommen ursprünglich aus Mittel- und Südamerika. Die dort lebenden Indios halten sie schon seit Jahrhunderten als Haustiere. Allerdings haben sie die Tiere auch gegessen oder zu religiösen Zwecken geopfert.

Als die Spanier im 16. Jahrhundert Amerika entdeckten, haben sie unter anderem ein paar Meerschweinchen mit nach Europa gebracht. Ungefähr hundert Jahre später taten es ihnen noch einige Holländer nach. Und die Holländer waren es schließlich, welche die Meerschweinchen im großen Stil züchteten und nach und nach in ganz Europa verkauften.

Die Holländer tauften das Tier »Meerzwijn«, auf Deutsch: »Meerschwein«. Es kam schließlich über das Meer nach Europa und quiekte wie ein Schwein.

Warum bildet sich auf Pudding eine Haut?

a) Puddinghaut bildet sich immer dann, wenn der Raum, in dem der Pudding steht, nicht genug gelüftet ist. Dann ist nämlich die Luft mit zu vielen Stickstoffen angereichert. Und die haben die Eigenschaft, sich auf offene Speisen zu legen.

b) Im Pudding steckt eine besondere Substanz, die dafür sorgt, dass sich eine Hautschicht bildet. Dadurch soll der Pudding vor dem Eindringen von Bakterien oder anderen Krankheitserregern geschützt werden.

c) Haut bildet sich, weil die Flüssigkeit, die im Pudding enthalten ist, an der Oberfläche verdampft, solange der Pudding noch warm ist. Zurück bleiben dann nur die festen Zutaten und die bilden die Haut.

Richtig ist Antwort c)

Pudding besteht hauptsächlich aus Flüssigkeit, Stärke und Zucker. Flüssigkeit verdampft schneller an der Luft, solange sie warm ist. Wenn also der heiße Pudding auskühlt, verliert er an der Oberfläche jede Menge Flüssigkeit, denn die steigt nach oben. Zurück bleiben nur der Zucker und die Stärke. Diese beiden Zutaten bilden die Haut. Und je länger der Pudding an der Luft steht, umso dicker wird natürlich die Haut.

Es gibt ja Menschen, die Puddinghaut lieben. Wenn du allerdings nicht dazugehörst, gibt es einige Tricks, mit denen du die Bildung der Haut verhindern kannst:

Wenn du zum Beispiel den Pudding mit einer Folie abdeckst, kann die Flüssigkeit nicht verdampfen und sich somit auch keine Haut bilden. Oder du streust Zucker über die Oberfläche. Der Zuckersaft schützt den Pudding wie eine Folie. Und besonders lecker wird's, wenn du etwas Butter über die noch warme Puddingmasse streichst. Dadurch wird der Pudding quasi versiegelt und bildet auch keine Haut.

Warum ist es leiser, wenn frischer Schnee liegt?

a) Jedes Geräusch, auch die menschliche Stimme, sendet Schallwellen, die durch die Luft sausen. Sobald sie dein Ohr erreichen, bringen sie dein Trommelfell zum Schwingen. Erst dann »hörst« du sie. Wenn nun frischer Schnee liegt, verlieren sich die Schallwellen der Straßengeräusche in der Schneedecke. Sie werden also nicht wie sonst überall reflektiert. Daher ist es leiser als sonst.

b) Nicht nur Autos und Menschen machen Krach auf der Straße, sondern auch der Schnee. Denn er besteht aus unzähligen kleinen Kristallbällchen, die beim Fallen und Liegen so zusammengedrückt werden, dass sie starke Schallwellen senden. Die sind für das menschliche Ohr nicht zu hören, vernichten aber die Schallwellen der anderen Geräusche.

c) Es wird doch gar nicht leiser, wenn frischer Schnee gefallen ist. Lass dich bloß nicht veräppeln!

Richtig ist Antwort a)

Die Geräusche auf der Straße bewegen sich wellenförmig durch die Luft. Diese Wellen heißen Schallwellen. Sie werden an Häuserwänden, Bäumen und Mauern reflektiert, sodass sie überall und oft auch noch ziemlich weit weg zu hören sind.

Wenn aber frischer Schnee gefallen ist, gibt es in der Schneedecke jede Menge winzig kleiner Zwischenräume, in denen sich die Schallwellen verlieren. Nun werden sie nicht mehr wie sonst reflektiert. Der Schnee schluckt sozusagen die Straßengeräusche.

Warum schwitzen wir manchmal?

a) Deine Haut ist ein sehr wichtiges Organ, das auch atmet. Durch die starke Umweltverschmutzung sind die Poren der Haut allerdings oft verstopft. Ist dies der Fall, schwitzt du Wasser von innen durch die Haut nach außen, damit die Poren gut durchgespült werden.

b) Manche Organe in deinem Körper sind äußerst geruchsempfindlich. Daher sorgen sie dafür, dass unangenehme Gerüche, die während der Verdauung in deinem Körper entstehen, in Form von Schweiß abgestoßen werden.

c) Wenn dein Körper zu sehr erhitzt ist, kann er die überschüssige Wärme in Form von Schweiß über deine Haut loswerden. Schwitzen ist also eine Art lebensnotwendige Klimaanlage.

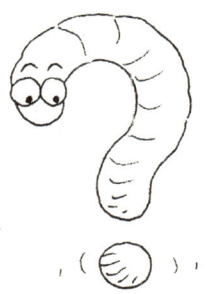

Richtig ist Antwort c)

Dein Körper ist ständig in Bewegung und dadurch verbraucht er ununterbrochen Energie. Das tut er, selbst wenn du im Bett liegst, denn die Organe arbeiten ja auch, während du schläfst.

Das Herstellen der Energie erzeugt Wärme. Wenn es zusätzlich draußen auch noch heiß ist oder du Sport treibst, wird es in dir ganz schön warm. Da dein Körper aber nur bei 37 Grad Celsius richtig gut funktioniert, muss er die überschüssige Wärme irgendwie loswerden. Und das gelingt ihm dank der zwei bis drei Millionen Schweißdrüsen, die in deiner Haut sitzen. Sobald es deinem Körper zu heiß wird, fangen die Schweißdrüsen an zu arbeiten und sondern Schweiß ab. Der Schweiß nimmt Körperwärme mit nach außen. Zusätzlich bewirkt er noch eine herrliche Abkühlung auf der Haut, weil er nass ist.

Also, auch wenn das Schwitzen manchmal unangenehm ist, sei froh, dass du es kannst, denn ohne deine »eingebaute« Klimaanlage würdest du innerlich regelrecht verbrennen.

Warum bekommt man Pickel?

a) Pickel entstehen in der Nacht, wenn du träumst. Deine Haut spiegelt die Heftigkeit deiner Träume wider, denn sie ist das sensibelste Organ und produziert bei Stress bzw. Albträumen Pickel, durch die sie Überdruck ablässt.

b) Pickel entstehen, wenn unsere Poren in der Haut verstopfen. Dann stauen sich dort Fett, abgestorbene Hautpartikel und Bakterien. Und die sind schuld daran, dass sich die Stelle entzündet. Dann ist er da, der lästige Pickel!

c) Auch wenn sie nicht so aussehen: Pickel sind Ausdruck größter Lebensfreude! Dein Körper reagiert auf Freude, Glück und Zufriedenheit mit höherem Blutdruck. Der wiederum sorgt dafür, dass deine Haut unverhältnismäßig stark durchblutet und gereinigt wird. Der dadurch anfallende Dreck wird in Form von Pickeln ausgeschieden. Im Mittelalter waren Pickel ein Schönheitsideal.

Richtig ist Antwort b)

Wenn du in die Pubertät kommst, passiert so einiges mit deinem Köper. Unter anderem produzieren deine sogenannten Talgdrüsen in der Haut mehr Fett. Oft führt das dazu, dass manche Poren verstopft werden. Und in diesen Poren bilden sich dann aus abgestorbenen Hautzellen, dem Fett und Hautbakterien sogenannte Mitesser. Das sind kleine schwarze Punkte, die auf der Haut sichtbar sind. Wenn sich ein Mitesser wegen der Bakterien schließlich entzündet, entsteht ein Pickel.

Falls du davon betroffen bist, hier ein heißer Tipp: Du solltest auf keinen Fall an den Pickeln herumdrücken, weil die Bakterien sonst eventuell tiefer in das Gewebe gepresst werden und sich die Entzündung verschlimmern kann. In jeder Drogerie findest du sinnvolle Pflegeprodukte gegen Pickel und in ganz schlimmen Fällen kann dir ein Hautarzt weiterhelfen.

Übrigens: Nicht nur Jugendliche leiden unter Pickeln. Nahrungsmittel-Unverträglichkeiten, schlechte Ernährung, Stress oder einfach »nur« Veranlagung können auch Pickel bei Erwachsenen verursachen.

Wie entstehen Sommersprossen?

a) Sobald es warm wird, die Sonne scheint und du viel draußen bist, wirst du braun. Die Farbe wird von Zellen in deiner Haut produziert. Menschen mit sonnenempfindlicher Haut produzieren manchmal zu viel von dieser Farbe und dadurch entstehen Sommersprossen.

b) Sommersprossige Menschen gehörten bis 527 n. Chr. einem Stamm an, der auf dem Gebiet vom heutigen Schottland lebte. Aufgrund einer Naturkatastrophe (Vulkanausbruch im Februar 527) wurde der Stamm in alle Himmelsrichtungen zerstreut. Daher leben nun die »Menschen mit Farbpickeln«, wie sie früher genannt wurden, auf der ganzen Welt verteilt.

c) Als die Geschichte von Pippi Langstrumpf berühmt wurde, fingen viele Schweden an, sich Sommersprossen ins Gesicht zu malen. Diese Mode hat sich blitzschnell in ganz Europa verbreitet und hält sich noch heute. Wer Sommersprossen im Gesicht hat, gilt als schlau, frech und besonders stark.

Richtig ist Antwort a)

In deinem Körper gibt es einen Farbstoff, der Melanin heißt. Sobald die Sonne auf deine Haut scheint, produzieren Zellen in der Haut diesen Farbstoff. Daher wird im Laufe des Sommers deine Haut braun. Vorausgesetzt natürlich, du hast dich gut eingeschmiert, sonst wird sie eher knallrot.

Menschen mit besonders heller und sonnenempfindlicher Haut neigen dazu, an einigen Hautstellen zu viel und zu schnell von diesem Melanin zu produzieren. Und genau an diesen Stellen entstehen dann die kleinen braunen Flecken, die Sommersprossen. Sie sind ganz harmlos und tun nicht weh.

Ihren Namen tragen sie, weil sie hauptsächlich im Frühjahr und im Sommer auftreten. Und zwar überall dort, wo die Sonne direkt auf die Haut scheint, also im Gesicht, auf den Händen, an den Oberarmen und nur manchmal auch am ganzen Körper.

Übrigens: Wenn du keine Sommersprossen hast und gerne welche hättest, kannst du sie dir nur aufmalen, denn die Neigung zu Sommersprossen ist vererbbar und es gibt keinen Trick, wie man sie doch noch irgendwie bekommen könnte.

Ernährt sich das Eichhörnchen mühsam?

a) Eichhörnchen fressen viele Nüsse – und die müssen für den Winter versteckt werden. Um möglichst viele Nüsse auf einmal zu transportieren, stapelt ein Eichhörnchen mit einer komplizierten Technik mindestens fünf Nüsse auf dem Rücken. Doch es kommen höchstens zwei an, weil es den Rest verliert . . .

b) Die Samen, die Eichhörnchen gerne fressen, sind so fest hinter den Schuppen der Fichtenzapfen verborgen, dass die Tiere sehr lange daran knabbern müssen. Außerdem finden sie häufig ihre Wintervorräte nicht wieder. Daher also werden Menschen, die viel, aber erfolglos arbeiten, mit Eichhörnchen verglichen.

c) Die Redensart kommt aus einer Oper von Monteverdi. Dort wird der Prinz von der Zauberin in ein Eichhörnchen verwandelt. Das Futter stellt sie hinter ein Gitter, welches das Tier erst kaputt nagen muss. Währenddessen singt die böse Zauberin: »Mühsam ernährt sich das Eichhörnchen.«

Richtig ist Antwort b)

Im Sommer geht's dem Eichhörnchen noch blendend, denn da gibt es alles im Überfluss: Nüsse, Beeren . . . Doch im Spätherbst ändert sich das schlagartig. Jetzt besteht die Hauptnahrung nur noch aus Samen. Um satt zu werden, braucht so ein Eichhörnchen am Tag die Samen von etwa 190 Fichtenzapfen. Und die liegen gut versteckt unter einzelnen Schuppen, die schwer zu entfernen sind. Das Eichhörnchen ist ungefähr neuneinhalb Stunden pro Tag allein damit beschäftigt, satt zu werden. Zusätzlich muss es im Herbst dann auch noch Samen und Nüsse für den Winter sammeln und sein Nest bauen bzw. reparieren. Im Winter geht es weiter: Kaum hat das Tier es sich ein paar Tage gemütlich gemacht, muss es schon wieder raus, um sich von seinen Vorräten zu ernähren. Und oft sind die dann so zugeschneit, dass es sie nicht wiederfindet.

So passt also der Ausdruck »Mühsam ernährt sich das Eichhörnchen« bei jemanden, der sich abrackert, aber nicht sonderlich erfolgreich dabei ist.

Wie spinnen Spinnen?

a) Spinnennetze sind gar nicht von Spinnen gesponnen, sondern vom sogenannten Fadenkäfer. Jeden Morgen baut das Weibchen ein Netz. Darin legt es Eier ab, um die es sich nicht weiter kümmern muss. Die Nachkommen schlüpfen innerhalb von zwei Stunden ganz von alleine und die Spinnen übernehmen daraufhin das verlassene Nest.

b) Die Spinne frisst Unmengen Blumennektar und verarbeitet ihn in ihrem Magen zu einem klebrigen Brei, den sie über den Mund als Faden wieder ausscheidet. Sie bricht also sozusagen ihre Spinnenfäden aus.

c) Die Spinne hat an ihrem Hinterteil Drüsen, mit denen sie die Spinnenfäden produziert. Je nachdem, wofür sie den Faden braucht, ist er aus unterschiedlichen Stoffen zusammengesetzt. So fügt sie zum Beispiel stellenweise Klebstoff hinzu, damit Beutetiere am Spinnennetz kleben bleiben.

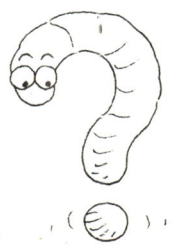

Richtig ist Antwort c)

Eine Spinne besitzt an ihrem Hinterleib verschiedene Drüsen, um Fäden für unterschiedliche Zwecke produzieren zu können. Trockenen Faden spinnt sie für ihr »Wohnzimmer«, also für den Bereich, in dem sie sich selber aufhält. Der ist in der Mitte des Netzes. Und klebrigen Faden produziert sie für ihre »Speisekammer«, die aus dem Rest des Netzes besteht. Fliegt nämlich ein Insekt aus Versehen gegen das Spinnennetz, bleibt es kleben und dient der Spinne als Nahrung.

Meist bauen die Spinnen ihre Netze in der Nacht, damit sie tagsüber nicht die Aufmerksamkeit jagender Vögel auf sich lenken. Manche Spinnen müssen sogar jede Nacht ein neues Netz bauen, weil sie das alte auffressen. Das Spinnen kostet die Spinnen nämlich jede Menge Energie und die holen sich manche beim Fressen des Netzes wieder zurück.

Die Fäden werden auch Spinnenseide genannt. Sie unterscheiden sich alle in Dicke, Struktur und Zusammensetzung der chemischen Stoffe. Aber alle sind ungeheuer elastisch. Obwohl sie sehr viel dünner als menschliche Haare sind, können Spinnenfäden fast um ein Drittel ihrer Länge gedehnt werden.

Warum stinken manche Füße?

a) Es sind nicht die Füße, die stinken, sondern die Schuhe. Manche Hersteller verwenden für das Innere des Schuhs billiges Material, das oft schon nach kurzer Zeit einen unangenehmen Geruch bildet. Den nehmen die Füße dann leider an.

b) Es sind die Bakterien auf deiner Haut, die sich vom Schweiß ernähren und dann den üblen Geruch hinterlassen.

c) Ob du Schweißfüße hast oder nicht, kannst du durch deine Ernährung steuern. Vor allem Menschen, die viel Käse essen, haben eine starke Geruchsbildung an den Füßen.

Richtig ist Antwort b)

Wenn deine Füße den ganzen Tag in festen Schuhen stecken, kann es passieren, dass sie ziemlich unangenehm riechen, sobald du die Schuhe abends ausziehst. Du hast dann sogenannte Schweißfüße.

Schweiß an sich ist völlig geruchlos. Erst die Bakterien sorgen für den unangenehmen Geruch. Sie vermehren sich besonders stark in warmer und feuchter Umgebung, also z. B. in Achselhöhlen und an den Füßen. Dort ernähren sie sich von dem Schweiß, in der Fachsprache heißt das: Sie zersetzen ihn. Und zurück bleibt dann der Gestank. Deodorants enthalten antibakterielle Wirkstoffe. Sie hemmen das Wachstum der schweißzersetzenden Bakterien. Dadurch wird der unangenehme Körpergeruch verhindert. Übrigens: Im Limburger Käse und an menschlichen Füßen kommen die gleichen Arten Bakterien vor. Der Ausdruck »Käsefüße« scheint also berechtigt zu sein.

Riecht ein Mitmensch unangenehm, hilfst du ihm am meisten, wenn du ihn behutsam darauf aufmerksam machst. Oft riecht man sich selber nämlich am wenigsten, weil sich die Nase so an den Geruch gewöhnt, dass man ihn nicht mehr als unangenehm wahrnimmt.

Warum fallen schlafende Vögel nicht von der Stange?

a) Vögel haben zwei Gleichgewichtsorgane, also eins mehr als die Menschen. Außerdem haben sie in ihren Füßen einen speziellen Mechanismus, mit dem sie sich an Stangen festkrallen können, ohne einen Muskel dabei anzustrengen. Daher funktioniert das Krallen auch im Schlaf.

b) Sobald die Vögel mit einer Stange in Berührung kommen, fahren sie an ihren Fußsohlen reflexartig mehrere kleine, spitze Dornen heraus. Man kann also sagen, dass sie sich quasi selber in die Stange »nageln«.

c) Sobald die Vögel auf einer Stange landen, produzieren sie blitzschnell in den Füßen und Beinen eine Substanz, die so schwer wie Blei ist. Dadurch sitzen sie so fest auf der Stange, dass sie nicht einmal im Schlaf runterfallen.

Richtig ist Antwort a)

Vögel haben im Gegensatz zu uns Menschen zwei Gleichgewichtsorgane. Eines im Ohr, wie bei uns, und ein zusätzliches im Bereich des Beckens. Die Gleichgewichtsorgane sind dafür zuständig, die Muskulatur so zu steuern, dass man sich auf den Beinen halten kann. Und da die Vögel zwei davon haben, können sie es natürlich besonders gut.

Allerdings würden ihre beiden Gleichgewichtsorgane alleine noch nicht ausreichen, um sich auch im Schlaf auf der Stange halten zu können. Hier hilft ihnen ein ausgeklügeltes System an ihren Füßen. Unter jedem Fuß haben Vögel einen Reflexpunkt. Wird dieser Punkt durch Druck gereizt, setzt automatisch der Greifreflex ein. Besonders praktisch dabei ist, dass die Muskulatur bei aktiviertem Greifreflex völlig entspannt ist. Nur dadurch können die Vögel auch bei festem Zugriff herrlich schlafen.

Dank des Zusammenspiels von Greifreflex und Gleichgewichtsorganen können sich die meisten schlafenden Vögel sogar bei starkem Wind problemlos auf schwankenden Ästen halten.

Warum fliegen manche Zugvögel in V-Form?

a) Vögel sind Herdentiere und jede Herde hat ihren Anführer. Die soziale Ordnung eines Vogelschwarms wird vor dem Aufbruch ins Winterquartier noch einmal klar bestimmt und jedes Tier bekommt seinen Platz. Das ernannte Leittier gibt Richtung und Tempo an, der Rest folgt in V-Form, weil die Tiere zwar die Reihenfolge einhalten, aber auch freie Sicht nach vorne haben wollen.

b) Die V-Form ist für einen langen Flug in erster Linie kräftesparend. Denn die Vögel nutzen den Windschatten und die Luftströmung des Vordermanns. Das Leittier hat es am schwersten, daher wird es regelmäßig abgewechselt.

c) Auf der langen Reise in den Süden bekommt ein Schwarm ständig Zuwachs von Gleichgesinnten. Wenn ein Schwarm in Schweden zehn Tiere zählt, endet er in Afrika meist mit mehreren Hundert Vögeln. Um es den Anschlusssuchenden leichter zu machen, fliegen die Schwärme von Anfang an in V-Form, die wie ein Pfeil die Richtung angibt.

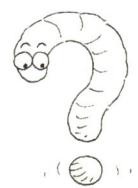

Richtig ist Antwort b)

Der Vogel, der ganz vorne fliegt, schneidet eine Schneise durch die Luft. Du kennst das vielleicht von einer Bootsfahrt: Das Boot hinterlässt im Wasser ebenfalls eine Schneise in V-Form. So musst du dir das in der Luft auch vorstellen, da siehst du es nur nicht. Die Luft wird vom vorderen Vogel genauso durchschnitten wie das Wasser vom Boot. Dabei hinterlässt er eine Luftströmung in V-Form, welche die hinteren Tiere regelrecht mit sich zieht. Und das ist ganz schön wichtig, denn die Reise ins Winterdomizil ist lang.

Das Zusammenspiel der Zugvögel ist ein tolles Beispiel für gute Teamarbeit. Denn sie wechseln sich mit der schwierigsten Aufgabe ab. Das Tier, das ganz vorne an der Spitze fliegt, hat es nämlich am schwersten, daher muss jedes ausgewachsene Tier eine Weile diese Führungsrolle übernehmen. Es bekommt dann den ganzen Wind ab, während sich die folgenden Tiere einfach in die v-förmige Luftströmung »hängen«.

Warum kann eine Wurst beim Erwärmen platzen?

a) Ob die Wurst platzt oder nicht, liegt an der Beschaffenheit des Topfes. In einem Edelstahltopf platzt sie eher als in einem mit Teflon beschichteten, denn das Wasser ist viel stahlhaltiger. Dadurch stehen die Speisen unter Druck und platzen.

b) Das Würstchenfleisch dehnt sich beim Erhitzen schneller aus als die Würstchenpelle. Daher kommt es oft dazu, dass die Pelle platzt.

c) Würste platzen, wenn du zu viele auf einmal in einem Topf erhitzt. Bei Überbeladung platzen die untersten Würste zuerst, und da Platzen – ähnlich wie Gähnen – ansteckend ist, machen es ihnen die anderen Würste nach.

Richtig ist Antwort b)

Sobald eine Wurst erhitzt wird, dehnt sich das Fleisch
wesentlich schneller aus als die Wurstpelle außen herum. Die ist nämlich sehr viel härter und gibt auch bei
Hitze nicht so schnell nach. Wenn du also eine Wurst
zu schnell bei hoher Temperatur erwärmst, kann es dir
passieren, dass die Pelle platzt, weil sie den Druck des
sich ausdehnenden Fleisches einfach nicht mehr aus-
hält.

Es gibt aber einen Trick, um das zu verhindern: Wenn
du die Würstchen gleich am Anfang ins lauwarme
Wasser legst und dann das Würstchenwasser langsam
erhitzt und nicht zum Kochen bringst, hat die Pelle genug Zeit, sich ausreichend auszudehnen.

Warum zittern wir, wenn wir frieren?

a) Zittern ist für dich lebensnotwenig. Denn wenn du zitterst, schaltest du deine eigene Heizung ein. Mit den Zitterbewegungen erzeugst du nämlich Wärme. Daher fängt dein Körper immer dann an zu zittern, wenn dir kalt ist und deine Körpertemperatur auf unter 37 Grad Celsius zu sinken droht.

b) Wenn du unterkühlt bist, sind deine Muskeln nicht mehr so gut durchblutet und fangen an, unkontrollierte Bewegungen zu machen, das ist das Zittern. Sieh also zu, dass du möglichst schnell ins Warme kommst, wenn du frierst, denn zu häufiges Zittern ist schädlich für die Muskeln.

c) Zittern ist nicht, wie die meisten meinen, Ausdruck von Kälte, sondern von Vitaminmangel. Der zeigt sich am deutlichsten, wenn der Körper leicht unterkühlt ist, daher der Irrtum, dass Zittern etwas mit Frieren zu tun hat. Iss mehr Obst und Gemüse und du wirst sehen, du zitterst nicht, auch wenn du bei Kälte in der Unterhose draußen stehst.

Richtig ist Antwort a)

Wenn du anfängst zu zittern, ist es so, als würde deine eigene kleine Heizung anspringen, denn Zittern macht warm. Durch die schnelle Abfolge von Anspannung und Entspannung unzähliger Muskeln bewegt sich unser Körper unwillkürlich und dadurch wird Wärme erzeugt.

Sobald deine Temperatur zu niedrig wird, wie zum Beispiel wenn du zu dünn bekleidet im Winter an einer Bushaltestelle stehst, fängt dein Körper automatisch an zu zittern, damit er die Temperatur von 37 Grad Celsius halten kann. Das ist lebensnotwendig und ganz schön praktisch.

Nicht jedes Lebewesen hat übrigens so eine eingebaute Heizung. Krokodile zum Beispiel müssen immer zusehen, dass sie ein sonniges Plätzchen zum Aufwärmen finden, denn sie können ihre Körpertemperatur nicht selbst regulieren.

Welches ist das schnellste Tier?

a) Wer kennt nicht die Geschichte vom Hasen und vom Igel? Der Hase hetzt sich zu Tode und doch gewinnt der Igel das Wettrennen. Die Fabel hat einen wahren Hintergrund: Igel machen sich Gefälle zunutze und rollen weite Strecken zusammengekugelt bergab. Dabei erreichen sie Spitzengeschwindigkeiten bis zu 220 Kilometern in der Stunde.

b) Die einzige Katze, die auf Hundepfoten läuft, ist der Gepard. Mit seinen ledrigen Sohlen und den nicht einziehbaren Krallen, die wie Spikes funktionieren, beschleunigt er bei Sprints auf 120 Kilometer in der Stunde.

c) Eine tierische Höchstgeschwindigkeit von 182,5 Kilometern in der Stunde wurde in England bei einem Hunderennen gemessen. Die afghanische Windhunddame »Fast Lady« erzielte mit ihren Läufen von 1961 bis 1966 zahlreiche Preise.

Richtig ist Antwort b)

Auf kürzeren Strecken kann ein Gepard tatsächlich eine Geschwindigkeit von 120 Kilometern in der Stunde erreichen und ist damit der schnellste Läufer im Tierreich.

Sein schwarz gefleckter, schlanker Körper ist wie bei einem Windhund geformt. Seine Beine sind besonders lang und haben unempfindliche, schuppige Sohlen. Der runde Kopf mit den zwei auffälligen Linien von den Augen zur Schnauze ist eher klein. Damit dem Geparden bei seinen Sprints nicht die Puste ausgeht, hat er breitere Nasengänge und größere Lungen als andere Großkatzen.

Der Gepard fängt sich seine Lieblingsspeise, indem er sie einfach überrennt. Liegt das Opfer dann am Boden, drückt er ihm mit seinem kleinen Maul die Kehle zu und erstickt es. Nun darf bloß kein Löwe kommen: Der wird bei einem Wettlauf zwar mit Mühe nur halb so schnell, dafür hat er aber wesentlich schärfere Krallen und Zähne. Oft bleiben Geparden hungrig zurück, weil sie ihre Beute an Stärkere abtreten müssen.

Da zudem auch noch ihr Fell sehr begehrt ist und Geparden daher von Menschen gejagt und getötet werden, gibt es nur noch wenige Tausend Geparden in der afrikanischen Savanne.

Wo kommt die Schokolade her?

Inhalt

Was war die erste Comicfigur?

a) In einer Grabkammer der Cheopspyramide fand man neben der Mumie eines ägyptischen Prinzen den ersten Comic der Welt. Auf einer Papyrusrolle ist die Lebensgeschichte des Prinzen in Bildern dargestellt. Und auf einer Zeichnung wird er von seiner Mutter geschimpft – mittels einer Sprechblase! Daher wird dieser Fund als erster Comic gehandelt.

b) 1896 erschien zum ersten Mal regelmäßig eine kurze Comicgeschichte in einer amerikanischen Zeitung. Ihr Hauptdarsteller »Yellow Kid« (»Gelbes Kind«) wurde berühmt und Spezialisten bezeichnen ihn als den ersten Comic-Helden der Welt.

c) Wer annimmt, Comics stammen aus den USA, täuscht sich. 1855 versuchte ein französischer Lehrer, seinen Schülern mit Comicgeschichten den Lateinunterricht schmackhaft zu machen. Auf diese Weise entstand das erste Asterix-Heft. Erst 100 Jahre später haben die Asterix-Geschichten die ganze Welt erobert.

Richtig ist Antwort b)

Bilder, die Geschichten erzählen, sind so alt wie die Menschheit. In den Höhlen der Steinzeitmenschen findet man gemalte Jagdszenen, bei den alten Römern wurden ganze Schlachten in Stein gemeißelt.

Es gibt sogar Vorläufer der Sprechblase: Auf manchen Darstellungen legte man Heiligen mit sogenannten »Mundfahnen« Worte in den Mund.

Comicspezialisten halten allerdings die amerikanische Figur »Yellow Kid«, auf Deutsch »Gelbes Kind«, für den ersten richtigen »Comic Strip«. Das ist englisch und bedeutet »komischer Streifen«.

R. F. Outcaults zeichnete die lustigen Erlebnisse des kleinen, glatzköpfigen Jungen im gelben Nachthemd für eine amerikanische Zeitung. Sie erschienen ab 1896 regelmäßig viele Jahre lang.

Besonders erfreut über diese Bildergeschichten mit den Sprechblasen waren die Einwanderer, die nicht gut Englisch sprachen. Denn sie konnten den Comic leicht verstehen. »Yellow Kid« wurde ein Riesenerfolg, nur zwischen den Herausgebern entbrannte leider ein erbitterter Streit um die Urheberrechte.

Wie viele Sprachen gibt es auf der Welt?

a) Es gibt schätzungsweise 4.000 bis 6.000 Sprachen auf der Welt. Genauere Angaben gibt es leider nicht, da noch heute in abgelegenen Gebieten neue Sprachen entdeckt werden.

b) Amerikanische Sprachwissenschaftler machten sich von 1987 bis 1990 auf den Weg durch die ganze Welt, um alle Sprachen zu erfassen und zu dokumentieren. Sie zählten exakt 1394.

c) In Afrika, Amerika und Australien wurden 1961 die sogenannten »little languages« (auf Deutsch: »kleine Sprachen«), also die, die nur von wenigen Menschen gesprochen wurden, gesetzlich verboten. Seitdem gibt es offiziell nur noch 34 Sprachen auf der Welt.

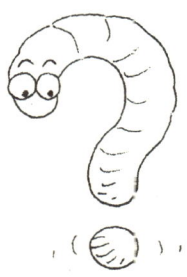

Richtig ist Antwort a)

Sprachforscher gehen davon aus, dass es auf der Erde zwischen 4.000 und 6.000 verschiedene Sprachen gibt. Das ist natürlich nur eine Schätzung, denn es sind längst nicht alle bekannt und noch heutzutage werden immer wieder neue entdeckt. Vor allem in abgelegenen Gebieten der Erde, in die man schwer gelangt, wie zum Beispiel in den tropischen Regenwäldern.

Viele Menschen wünschen sich, dass es auf der ganzen Welt nur eine einzige Sprache gibt, denn dann könnten sie weltweit problemloser miteinander kommunizieren. Sprache bedeutet aber auch Kultur. Wenn ein Volk also seine Sprache vollkommen aufgeben würde, gäbe es auch einen großen Teil seiner eigenen Identität auf. Daher ist beides wichtig: das Erlernen anderer Sprachen, die weitverbreitet sind, wie zum Beispiel Englisch, und das Pflegen der eigenen Sprache und damit der eigenen Kultur.

Ist Freitag, der 13. wirklich ein Pechtag?

a) Ja, es ist statistisch nachgewiesen, dass an einem Freitag, dem 13. wesentlich mehr Unglücksfälle passieren als an allen anderen Tagen, manchmal sogar doppelt so viele! Wissenschaftler stehen noch heute diesbezüglich vor einem Rätsel.

b) Nein, das ist alles Aberglaube, es passieren nicht mehr und nicht weniger Unglücke als an anderen Tagen. Freitag, der 13. wird allerdings schon immer für einen Unglückstag gehalten, weil an einem Freitag (Karfreitag) Christus gekreuzigt wurde und die Zahl Zwölf die Zahl der »Ordnung« ist. Die 13 folgt auf die Zwölf und zerstört sozusagen die Ordnung.

c) Es ist bewiesen, dass immer am Freitag, dem 13. die Venus der Erde näher steht als an allen anderen Tagen. Für besonders venusempfindliche Menschen bedeutet dies, dass sie in dieser Nacht oft schlafwandeln und ihr Kreislauf morgens nicht in Gang kommt. Unkonzentriertheit ist die Folge und das führt bekanntlich zu Unfällen.

Richtig ist Antwort b)

An einem Freitag, dem 13. solltest du am besten das Haus nicht verlassen. Du könntest dir gleich auf der Treppe ein Bein brechen oder mit dem Fahrrad stürzen! So denken zumindest einige. Aber das ist alles Aberglaube! An einem Freitag, dem 13. geschehen nicht mehr und nicht weniger Unglücksfälle als an allen anderen Tagen auch. Trotzdem hält sich hartnäckig der Glaube, dass dieser Tag Pech bringen könnte.

An einem Freitag wurde der Überlieferung nach Christus gekreuzigt. Danach galten am Freitag geborene Kinder als Unglückskinder. Wenn ein Jahr mit einem Freitag begann, wurde es als Unglücksjahr bezeichnet. Und der Zahl 13 war nicht zu trauen, weil sie auf die Zwölf folgt – und die steht für Ordnung. Jesus hatte zum Beispiel zwölf Apostel, ein Jahr hat zwölf Monate, Tag und Nacht haben je zwölf Stunden. Die 13 wird daher als das »Dutzend des Teufels« bezeichnet (1 Dutzend = 12).

Sie kann nur Chaos und eben Unglück bedeuten.

Der Aberglaube ist so weit verbreitet, dass manche Hotels keine Zimmer mit der Nummer 13 haben oder Fluggesellschaften auf die 13. Sitzreihe verzichten.

Warum bringt der Hase die Ostereier?

a) Im Theaterstück »Faust« von Johann Wolfgang von Goethe macht die Hauptfigur einen ausgiebigen Osterspaziergang und glaubt, zwei Hasen zu beobachten, die Eier legen und diese anschließend in kleine Nester verstauen. Diese Geschichte gefiel den Deutschen so gut, dass sie sie in ihren Osterbrauch übernahmen.

b) Der Eier legende Hase stammt aus der griechischen Mythologie: Zeus, der König der Götter, soll aus Eifersucht seine Gattin in eine Häsin verwandelt haben. Aus Rache gebar sie ihm keinen Sohn, sondern ein Hühnerei. Daraus schlüpfte Apollon, der schöne Gott des Lichts und der Jugend. Seither ehrt man den Osterhasen.

c) Der Hase ist ein sehr fortpflanzungsfreudiges Tier. Daher wurde er in der Zeit vor dem Christentum schon auf Frühlingsfesten geehrt. Der Mythos, dass er auch noch Eier legt, entstand wahrscheinlich, weil die Hasen bei ihrem Balzverhalten im Frühling derartigen Wirbel machen, dass sie brütende Vögel verscheuchen. Die zurückgebliebenen Eier wurden kurzerhand den Hasen zugeschrieben.

Richtig ist Antwort c)

Das Osterfest wird jedes Jahr an dem Wochenende nach dem ersten Frühlingsvollmond gefeiert. Vor dem Christentum feierten die Menschen zu diesem Zeitpunkt ein Fest zu Ehren der Fruchtbarkeitsgöttin Ostara. Und da der Hase ein fortpflanzungsfreudiges Tier ist, wurde er ihr als heiliges Tier zur Seite gestellt.

Seit dem 2. Jahrhundert verwandelte sich dieses heidnische Fest in das christliche Osterfest. Der Hase trat mit diesem Wandel zunächst in den Hintergrund. An seine Stelle rückten die Eier. Auch sie standen für Fruchtbarkeit und Leben. Und weil sie eine so große Bedeutung hatten, durften es keine gewöhnlichen Hühnereier sein. Sie wurden bunt angemalt und in unterschiedlichen Regionen von verschiedenen Tieren gebracht: dem Fuchs, dem Hahn oder dem Storch. Doch der Hase eroberte sich seinen Platz zurück. Dazu gibt es folgende Theorie:

Jedes Jahr im Frühling kämpfen die männlichen Hasen um ihre Weibchen. Bei dem Spektakel vertreiben sie brütende Vögel wie Kiebitze und Wachteln. Und die zurückbleibenden Vogeleier sind farbig. So könnte der Mythos vom Hasen, der bunte Ostereier bringt, entstanden sein.

Wann wurde das erste Fahrrad gebaut?

a) Als der deutsche Forstmeister Carl von Drais 1817 zum ersten Mal seine selbst konstruierte zweirädrige Laufhilfe ausprobierte, wurde er ausgelacht. Seine Zuschauer konnten nicht ahnen, dass sie das erste Exemplar einer Jahrhunderterfindung sahen.

b) Von der Erfindung des Rades dauerte es nicht lange bis zur Entwicklung des ersten Fahrrades. Bei Ausgrabungen der vor etwa 2.000 Jahren von Lavamassen verschütteten Stadt Pompeji fanden Archäologen das bisher älteste, allerdings etwas unhandliche Urfahrrad. Die Räder sind aus massiven Eichenscheiben, der Rahmen ist aus Marmor.

c) Es ist bekannt, dass die Römer im gallischen Krieg mit Elefanten die Alpen überquerten. Kaum jemand weiß allerdings, dass die Tiere hauptsächlich Fahrräder transportierten. Und die dienten den römischen Kriegern dazu, die Feinde zu überraschen und zu überrumpeln.

Richtig ist Antwort a)

Jahrelang tüftelte Carl von Drais an einem Fahrzeug, mit dem sich Menschen aus eigener Kraft fortbewegen konnten. Als Erstes entwickelte er ein Gestell mit vier Rädern, das auf den unebenen Wegen aber kaum zu benutzen war. Vor 200 Jahren waren die meisten Straßen nämlich noch nicht gepflastert und durch die schweren Ochsenfuhrwerke und Pferdekutschen stark zerfurcht.

Doch genau in diesen Furchen lag die Lösung! Ein hölzerner Rahmen mit zwei Rädern hintereinander, das vordere mit einer beweglichen Gabel zum Lenken, ein Sattel und eine Bremse – der findige Forstmeister hatte im Jahr 1817 das erste Laufrad der Geschichte gebaut. Mit dieser Laufhilfe konnte man gut in einer Spur fahren und wurde immerhin viermal so schnell wie ein Fußgänger.

Dieses Urmodell des Fahrrads wurde nach seinem Erfinder »Draisine« oder auch »Schnellfüßler« genannt.

Heutzutage kann man oft Miniatur-Draisinen auf unseren Straßen sehen. Die kleinen Holzfahrräder ohne Pedale sind als Fahrzeuge für Kleinkinder groß in Mode.

Wer erfand die Schultüte?

a) Schon seit Jahrtausenden bekamen Kinder Leckereien, wenn große Veränderungen anstanden. Wenn ein Geschwisterchen zur Welt kam, erhielten die Großen eine Art Trosttüte mit Süßigkeiten, weil die Eltern sich ab dann weniger um sie kümmern konnten. Die Tüte hatte die Form eines Storchenschnabels, denn der Storch brachte der Legende nach die Babys. Aus der Trosttüte ist schließlich die Schultüte geworden.

b) Schultüten gab es schon im antiken Griechenland. Damals beschenkte man die Kinder zum alljährlichen Sportfest. Den Kindern wurde erzählt, dass für sie eine Tüte aus dem Boden wachsen würde, sobald sie groß genug fürs Sportfest waren.

c) Die Schultütentradition stammt aus Indien. Dort bekommen die Kinder ihre Tüten allerdings nicht zur Einschulung, sondern sobald sie im Hinduismus (das ist die Religion der meisten Inder) eine höhere Stufe erreicht haben. Die Christen haben diese Tradition übernommen und schenken die Tüten ihren Kindern zur Einschulung.

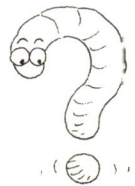

Richtig ist Antwort a)

Schon aus der Antike ist bekannt, dass Kinder in Zeiten großer Veränderung mit Süßigkeiten und Obst beschenkt wurden.

Die Schultütentradition stammt aus Deutschland. Mitte des 19. Jahrhunderts bekamen Kinder in Thüringen und Sachsen bei ihrer Einschulung zum ersten Mal eine Schultüte. Dabei wurde ihnen erzählt, dass in dem Haus des Lehrers ein Schultütenbaum stünde, an dem die Tüten wachsen würden. Und wenn sie »reif« seien, würden sie gepflückt und an die Kinder verteilt, die groß genug für die Schule seien. Schnell verbreitete sich der Brauch in ganz Deutschland.

Und die Form der Tüte ist auch nicht zufällig. In manchen deutschen Gegenden gab es die Tradition, größeren Kindern Tüten voller Süßigkeiten zu schenken, sobald in der Familie Nachwuchs gekommen war. Es sollte ein Trost dafür sein, dass die Eltern jetzt weniger Zeit hatten. Die Tüten hatten die Form der heutigen Schultüten, denn sie erinnern an einen Storchenschnabel und der Legende nach bringt der Storch die Babys. Aus dieser Trosttüte ist im Laufe der Zeit dann die Schultüte geworden.

Was passiert in der Walpurgisnacht?

a) Der Name »Walpurgis« kommt aus dem Finnischen und heißt auf Deutsch: »Waldpfad«. In der letzten Aprilnacht haben die Finnen schon immer traditionsgemäß die neuen Waldpfade angelegt, die sie für den nahenden Sommer für die Versorgung ihrer Gemeinden brauchten.

b) In der Nacht vom 30. April auf den 1. Mai hat man schon vor Christi Geburt in manchen Gegenden mit einem großen Freudenfest den Sommer begrüßt. Die Kirche behauptete, dass bei diesen Festen Teufel und Hexen im Spiel wären, und verbot sie. Heute gibt es wieder einige Walpurgisnacht-Festivitäten.

c) Walpurgis hieß die römische Göttin der Liebe. Ihr wurde die Nacht vom 30. April auf den 1. Mai gewidmet. In dieser Nacht galt es, sich zu lieben und Kinder zu zeugen. Noch heute ist die Geburtenrate vielerorts neun Monate nach der Nacht zum 1. Mai um 30% höher als in allen anderen Monaten.

Richtig ist Antwort b)

Die Nacht vom 30. April auf den 1. Mai gehört angeblich den Hexen. Das war aber nicht immer so.

Ursprünglich wurden in dieser Nacht Feste gefeiert, um den Frühling zu begrüßen. Vor allem auf dem größten Berg im Harzgebirge, dem »Brocken«, zündeten die Menschen ein großes Feuer an und tanzten singend um die Flamme.

Es wird angenommen, dass viele Menschen an diesen Abenden damals Rauschmittel in Form von Kräutern und Säften zu sich genommen haben. Daher kamen vermutlich die Erlebnisberichte von den Orgien zustande. Als sich das Christentum im Harz immer mehr verbreitete, wurden die Feste verboten. Die Kirche streute das Gerücht, dass in der Nacht zum 1. Mai die Hexen ausflogen, um sich auf dem sogenannten Blocksberg zu versammeln und auf die Ankunft des Teufels zu warten.

Mittlerweile wird wieder jedes Jahr in vielen Harzgemeinden die Walpurgisnacht veranstaltet, allerdings weiß man mittlerweile, dass es sich um ein Volksvergnügen und nicht um Hexerei handelt.

Übrigens: Der 1. Mai ist der heiligen Walburga, der Schutzpatronin der Bäuerinnen und Mägde, geweiht – daher der Name Walpurgisnacht.

Warum »haut man jemanden übers Ohr«?

a) Wer »jemanden übers Ohr haut«, ist ein Betrüger. Im Fechtsport gibt es eine Technik, bei der man seinem Gegner blitzartig einen Hieb übers Ohr versetzt. Mit diesem unerwarteten Angriff wird der Gegner geschickt überrumpelt. Daraus entwickelte sich die Redensart.

b) Im Mittelalter bohrte man Schwerhörigen zusätzliche Löcher in die Nähe der Ohren, in der Hoffnung, so ihre Hörfähigkeit zu verbessern. Diese makabre Praxis ist Ursprung der Redensart. »Jemanden übers Ohr hauen« sagt man heute zu Menschen, die nichts verstehen, allerdings auch im übertragenen Sinne.

c) »Jemanden übers Ohr hauen« bedeutet, ihn zu ehren. Der Ursprung dieser Redewendung kommt aus Japan. Dort ist es heute noch üblich, verdienstvollen Menschen zeremoniell mit dem Schwert über die Ohren an den Kopf zu stoßen. In Europa hat man diese Menschen vergleichsweise »zu Rittern geschlagen«.

Richtig ist Antwort a)

Wer jemanden »übers Ohr gehauen« hat, hat nicht direkt zugeschlagen, sondern ist im übertragenen Sinne ein trickreicher Betrüger.

Die Redensart kommt ursprünglich aus der Fechtsprache. Und zwar gibt es folgende Hiebtechnik: Du weichst dem Angreifer aus, tust also so, als würdest du dich voll und ganz darauf konzentrieren, den Angriffen aus dem Weg zu gehen. Doch plötzlich greifst du aus dem Hinterhalt an, indem du dem Angreifer blitzartig einen Schlag übers Ohr versetzt. Dieser gut platzierte Hieb hat schon so manchem Fechtsportler zum Sieg verholfen. Das Gemeine daran ist, dass du den Gegner durch diese unerwartete Wendung von Rückzug auf Angriff total überrumpelst. So ist es auch zu erklären, dass diese zunächst rein sportlich gemeinte Redewendung im Laufe der Zeit die Bedeutung des Betrügens bekommen hat.

Woher kommen die Farben der deutschen Flagge?

a) Kaiser Wilhelm II. hatte drei Kinder. Schwarz war die Lieblingsfarbe des ältesten Sohnes, Rot die der Tochter und Gold die des jüngsten Sohnes. Also bestimmte der Kaiser diese drei Farben zu den Farben der deutschen Flagge.

b) Im Befreiungskampf der Deutschen gegen die Franzosen Anfang des 19. Jahrhunderts trug eine besonders aktive Truppe eine schwarze Uniform mit roten Aufschlägen und goldenen Knöpfen. Das war die Geburtsstunde der drei deutschen Farben, aus denen sich die deutsche Fahne entwickelte.

c) Johann Wolfgang von Goethe war nicht nur ein berühmter Schriftsteller, sondern auch Politiker und Forscher. Unter anderem machte er große Entdeckungen in der Farbenlehre. So erkannte er zum Beispiel, dass die Zusammenstellung Schwarz-Rot-Gold sehr schmeichelnd für die Augennetzhaut ist, und setzte daher diese Farben als deutsche Flaggenfarben bei der Politik durch.

Richtig ist Antwort b)

Als die Franzosen unter Napoleon Anfang des 19. Jahrhunderts Deutschland einnahmen, wehrten sich viele Deutsche gegen die französischen Eindringlinge. Es gab eine Truppe, die einen ganz besonders hartnäckigen Befreiungskampf führte: Sie hieß die »Schwarze Schar« und wurde von Adolf von Lützow angeführt. Die Mitglieder beschlossen, sich eine einheitliche Kleidung zuzulegen. Heraus kam eine schwarze Uniform mit roten Samtaufschlägen und goldenen Knöpfen. Am 17. Juni 1813 geriet diese Truppe in der Nähe von Leipzig in einen Hinterhalt und wurde aufgelöst. Doch später taten sich wieder sieben Soldaten der ehemals »Schwarzen Schar« zusammen und gründeten die sogenannte »Burschenschaft zu Jena«. Für ihre Fahne wählten sie in Gedenken an die Truppe rund um Lützow die Farben Schwarz, Rot und Gold. Allerdings war die Fahne zu dem Zeitpunkt noch schwarz-rot-schwarz und hatte goldene Fransen.
1848 schließlich wurden Schwarz, Rot und Gold im Gesetz als die drei Farben für die deutsche Flagge festgelegt.

Warum gibt es die Sommer- und die Winterzeit?

a) Die Autoindustrie hat sich 1980 in ganz Europa für die Zeitverschiebung im Sommer eingesetzt. Denn durch die gewonnene Stunde am Abend können Autoliebhaber noch bei Tageslicht längere Ausflüge unternehmen. Trotz Protesten von Umweltschutzverbänden konnte sich die Autolobby durchsetzen.

b) Auf diese Frage wurde noch keine befriedigende Antwort gefunden. Den neuesten Theorien zufolge bezweckt die Zeitverschiebung eine Art Familienzusammenführung, denn die Menschen haben im Winter mehr Zeit für sich und ihre Familien.

c) Die Sommerzeit wurde in Deutschland 1980 eingeführt. Der Grund: Wenn der Tag im Sommer früher beginnt, kann das Tageslicht am Abend länger ausgenutzt und damit eine Menge Energie gespart werden. Damals drehten die Ölländer aus politischen Gründen die Hähne zu und man war gezwungen, Energie-Sparprogramme durchzuziehen.

Richtig ist Antwort c)

Jedes Jahr am letzten Sonntag im März musst du deine Uhr nachts um eine Stunde vorstellen. Das ist ganz schön fies, denn es wird dir eine Stunde einfach weggenommen! Die bekommst du allerdings am letzten Sonntag im Oktober wieder zurück.

In Deutschland gibt es seit 1980 die Zeitumstellung. Zu dieser Zeit gab es eine sogenannte Ölkrise. Die arabischen Staaten haben Deutschland damals aus politischen Gründen weniger Öl geliefert. Mit der Zeitumstellung wollte man Energie, also Öl, Strom und Gas sparen. Wenn der Tag nämlich früher beginnt, kann das Tageslicht länger genutzt werden. Denn im Sommer wird es früher hell und auf diese Weise wird Energie für Licht gespart.

Ob die Zeitumstellung aber wirklich beim Energiesparen hilft, ist sehr umstritten. Manche glauben nämlich, dass der Energieverbrauch seit Einführung der Sommerzeit sogar gestiegen sei! Sie sagen zum Beispiel, dass es im April morgens noch ziemlich kalt ist, sodass viele Menschen die Heizung aufdrehen und dadurch mehr Energie verbrauchen als früher.

Wie wurde die Bluejeans erfunden?

a) Ein kleiner, sechsjähriger Junge zerschnitt aus Übermut den blauen Vorhangstoff seiner Mutter. Daraus nähte sie ihm eine Hose. Die war so steif, dass die Mutter dachte, ihm damit eine Strafe aufzubrummen. Doch nach einmaligem Tragen wurde der Stoff weich und die Hose ein Hit.

b) Die Indianer mussten während der Büffeljagd oft tagelang durch die Prärie reiten. Ihre Stoffhosen waren durch den Sattel schnell durchgescheuert. Jean Blue, Häuptling der Blauwolf-Indianer, kam auf die Idee, einen stärkeren Stoff zu verwenden. Er soll damals gesagt haben: »Blau muss er sein, damit jeder weiß, woher der Stoff kommt.« Und blau ist die Bluejeans noch heute!

c) Die Goldsucher in Amerika brauchten strapazierfähige Hosen, die ihrem rauen Alltag standhalten konnten. Kurz entschlossen nähte Löb Strauss, ein Verkäufer, der die Goldsucher mit allerlei Nützlichem versorgte, aus einem blauen Zeltstoff die erste Jeans. Geschäftstüchtig, wie er war, wusste er sofort, dass er damit eine geniale Erfindung gemacht hatte.

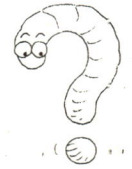

Richtig ist Antwort c)

Angefangen hat alles 1848, als der 18-jährige Löb Strauss von Deutschland nach Amerika auswanderte. Amerika war damals im Goldrausch und die Möglichkeit, schnelles Geld zu machen, trieb Tausende in die Goldgräbercamps. So auch Löb, der sich in Amerika Levi nannte.

Er schürfte jedoch kein Gold, sondern verkaufte den Goldgräbern allerlei Krimskrams, wie Seife, Lebensmittel und Schnürsenkel. Aber damit verdiente er nicht viel.

Auf der Suche nach einer neuen Geschäftsidee fiel Levi auf, dass die Goldsucher häufig über ihre Hosen klagten. Sie seien für die harten Bedingungen ihres Alltags nicht strapazierfähig genug. Dauernd waren die Hosen zerrissen und durchlöchert. Levi reagierte sofort: Aus einem blauen Segeltuch, das er eigentlich als Zelt- oder Wagenplane verkaufen wollte, ließ er Hosen nähen. Damit begann der Siegeszug der Bluejeans! Endlich hatten die Goldgräber Kleidung, die ihrer Arbeit in der Wildnis standhielt. Und Levi hatte damit seine eigene Goldgrube gefunden. Die Hosen machten ihn nämlich steinreich.

Jacob Davis, einer der vielen Schneider, die Levis' Hosen anfertigten, machte ungefähr 20 Jahre später eine weitere Erfindung. Er brachte an den Taschen Nieten zur Verstärkung an, so konnten sie nicht mehr ausreißen.

Davis hatte kein Geld, um sich die Idee patentieren zu lassen. Doch Levi erkannte ihre Genialität und meldete sie als Patent an. Das war am 20. Mai 1873, dieser Tag gilt als Geburtsstunde der originalen Levi's-Jeans.

Warum fährt man in den meisten Ländern rechts und in manchen links?

a) Früher, als noch Kutschen und Pferde die Straßen füllten, gab es überall auf der Welt nur Rechtsverkehr. Doch die Engländer wechselten mit der Erfindung des Autos auf die linke Straßenseite. Und zwar aus Protest! Zu diesem Zeitpunkt waren sie nämlich gar nicht gut auf die anderen Länder zu sprechen.

b) England ist das einzige Land auf der Welt mit Linksverkehr. Der Grund ist ein ganz einfacher: Queen Mum (also die Mutter der heutigen Königin) war Linkshänderin!

c) Früher gab es überall Linksverkehr, denn wenn ein Reiter auf der linken Straßenseite ritt, konnte er besser mit der rechten Hand auf Angreifer reagieren. Der Rechtsverkehr setzte sich in vielen Ländern durch, weil in der Schifffahrt überall Rechtsverkehr herrschte. Und zwar weil Rechtshänder beim Ausweichmanöver viel besser nach rechts rudern konnten.

Richtig ist Antwort c)

Den Linksverkehr gibt es schon viel länger als den Rechtsverkehr. Er kommt aus der Zeit, als die Menschen noch zu Pferde unterwegs waren. Die Ritter im Mittelalter zum Beispiel ritten auf der linken Straßenseite, um in ihrer rechten Hand ein Schwert oder eine Lanze zur Verteidigung parat zu haben.

Der Rechtsverkehr kam auf, als die Schifffahrt immer stärker zunahm. Wenn sich zwei Paddler begegnen, ist es sinnvoll, nach rechts auszuweichen, weil im rechten Arm bei den meisten viel mehr Kraft steckt. Daher herrscht auf allen Wasserstraßen der Welt Rechtsverkehr.

In Ländern mit viel Schifffahrt wie Deutschland und Frankreich setzte sich daher auch auf den Straßen der Rechtsverkehr durch.

Dagegen wird unter anderem in Großbritannien, Irland, Australien sowie in fast allen Ländern Ostasiens (z. B. Japan) links gefahren.

Was feiern wir am Valentinstag?

a) Valentin war im 18. Jahrhundert Kaiser von Holland. Er war berühmt für sein friedliches Naturell. Als ihm Kaiser Pedro von Spanien am 14. Februar 1781 den Krieg erklärte, schenkte Valentin ihm einen Blumenstrauß. Der Spanier war so verblüfft, dass es nicht zum Krieg kam. Seither schenkt man sich in der ganzen Welt am 14. Februar Blumen.

b) Valentin war ein Bischof, der im 2. Jahrhundert nach Christus gegen den Befehl des Kaisers Paare in seiner Kirche getraut hat. Dafür wurde er getötet. Und die Menschen verehren ihn seither jedes Jahr an seinem Todestag, dem 14. Februar.

c) Das Valentinskraut blüht in Europa Mitte Februar. Wenn man darauf kaut, hat es eine berauschende Wirkung. Vor allem im Mittelalter wurden daher Mitte Februar jede Menge Feste gefeiert. Heute ist der Genuss dieses Krauts verboten und zum Gedenken an diese Zeit schenkt man sich Mitte Februar Blumen.

Richtig ist Antwort b)

Es soll tatsächlich im 2. Jahrhundert nach Christus einen Valentin gegeben haben. Er war Bischof und der Sage nach widersetzte er sich den Befehlen des Kaisers Claudius Gothicus. Der hatte nämlich seinen Soldaten verboten, christlich zu heiraten. Er meinte, dass unverheiratete Männer mit mehr Elan ihr Land verteidigen würden als verheiratete – und mit dem Christentum stand der Kaiser sowieso auf Kriegsfuß.
Valentin beachtete das Verbot nicht und traute heimlich die verliebten Paare in seiner Kirche. Doch der Kaiser kam ihm auf die Schliche und ließ ihn töten.
Seit dem 4. Jahrhundert verehren die Menschen Valentin immer an seinem Todestag, dem 14. Februar. Vielerorts wird dieser Tag auch der »Tag der Liebenden« genannt.

Warum schmücken wir an Weihnachten einen Tannenbaum?

a) Im Mittelalter wurde in den Kirchen zur Weihnachtszeit die Geschichte von Adam und Eva aufgeführt. In der Geschichte geht es unter anderem um einen Apfel, der von einem Baum gepflückt wird. Im Mittelpunkt stand also ein Baum mit roten Äpfeln. Daraus entwickelte sich der Weihnachtsbaum.

b) In der Bibel steht geschrieben, dass sich Jesus im Alter von vier Jahren von seiner Mutter Maria einen bunten Baum zum Geburtstag wünschte. Maria schmückte also einen Tannenbaum mit Früchten und Gebäck. Und da wir an Weihnachten Jesu Geburtstag feiern, tun wir es ihr Jahr für Jahr nach.

c) Es wird erzählt, dass am 24.12.1815 einem kleinen französischen Jungen ein Engel erschienen ist. Der drückte ihm einen bunt geschmückten Tannenbaum in die Hand und sagte: »Trage ihn heim.« Der Junge trug den Baum nach Hause und die kranke Mutter sowie das blinde Brüderchen wurden sofort gesund. Seither gibt es bunte Bäume zur Weihnachtszeit.

Richtig ist Antwort a)

Im Mittelalter gab es am Weihnachtsabend das sogenannte Paradiesspiel. Darin wurde die Bibelgeschichte
von Adam und Eva gezeigt. Zu diesem Spiel gehörte
auch ein immergrüner Baum als »Paradiesbaum«, der
mit roten Äpfeln geschmückt war. Denn in der Geschichte heißt es ja, dass Eva den Adam durch einen
Apfel zur Sünde verführt und Gott die beiden dann aus
dem Paradies vertrieben hat. Jesus, dessen Geburt wir
an Weihnachten feiern, hat die Menschen durch seinen Tod wieder von den Sünden befreit, so der christliche Glaube.
Seither sind die christlichen Symbolfarben zur Weihnachtszeit Grün (wie der Baum) und Rot (wie die Äpfel). Grün symbolisiert die Treue und die Lebenskraft,
die in wintergrünen Gewächsen steckt. Und Rot erinnert an das Blut Christi, das er vergossen hat, damit die
Welt erlöst werde.
Erst seit der ersten Hälfte des 19. Jahrhunderts steht
der Weihnachtsbaum nicht nur in der Kirche, sondern
zusätzlich noch bei fast jeder Familie im Wohnzimmer. Ab da kam auch die feierliche Beleuchtung mit
Kerzen und später auch mit Lichterketten hinzu.

Was bedeutet »Kinderschutz«?

a) Es gibt Erwachsene, die allergisch auf Kinder reagieren. Bei den meisten schwillt entweder der Hals an oder sie bekommen Wutausbrüche. Betroffene können ein Medikament zum Schutz vor Kindern beantragen. Die Kinderschutztablette hilft zum Glück meistens sofort.

b) Noch vor 100 Jahren mussten viele deutsche Kinder arbeiten, damit sie genug zu essen hatten. 1904 kam ein Gesetz heraus, das Kinder bis zwölf Jahre vor Arbeit schützte. Der Anfang war getan. Mittlerweile bedeutet Kinderschutz weit mehr: Er sorgt zum Beispiel dafür, dass Kinder zur Schule gehen, gewaltfrei erzogen werden etc.

c) Kinderschutz werden die vielen Reflektorstreifen und Lichter genannt, die an Kinderanoraks, Fahrrädern und Schulranzen angebracht sind. Sie heißen Kinderschutz, weil sie Kinder im Dunkeln vor Gefahren im Straßenverkehr schützen.

Richtig ist Antwort b)

Noch vor 100 Jahren war es in Deutschland völlig normal, dass Kinder arbeiten mussten. Sie gingen nicht zur Schule, sondern halfen auf dem Feld bei der Ernte, standen in der Fabrik am Fließband oder saßen stundenlang daheim an einem Tisch und nähten.

Im Januar 1904 kam ein Gesetz heraus, das die Kinderarbeit regelte. Es legte fest, wann und wie lange Kinder arbeiten durften. Allerdings schützte dieses Gesetz zunächst nur Kinder bis zwölf Jahre. Wer älter war, konnte weiterhin zur Arbeit geschickt werden.

Heutzutage gibt es viele Gesetze, die das Leben der Kinder schützen. Alle sind in einem Gesetzbuch zusammengefasst: dem Jugendschutzgesetz.

Darin ist beispielsweise festgelegt, dass jedes Kind ein Recht auf Bildung, Gesundheit und auf eine gewaltfreie Erziehung hat.

Lebt ein Kind in einem Umfeld, in dem eines dieser Rechte nicht eingehalten wird, setzt sich das Jugendamt für dieses Kind ein.

Wie kam das Ketchup zu seinem Namen?

a) Zuallererst gab es eine Sojasoße in China mit dem Namen »ketsiap«. Als sie nach Amerika gelangte, wurde das Rezept mehrfach verändert und von der ursprünglichen Sojasoße blieb wenig übrig. Nur der Name klingt noch ähnlich. Einen einzelnen Erfinder gibt es also nicht, Ketchup ist eine amerikanische Gesamtproduktion.

b) Die beliebte Tomatensoße ist eine Erfindung des Amerikaners Harry Heinz. Vom Wettbewerbsgeist seiner Heimat durchdrungen gab Heinz seiner Soße den Namen Ketchup. Das leitete er von dem amerikanischen »to catch up« ab, was auf Deutsch »einholen« heißt.

c) Ketchup kommt ursprünglich aus Neuseeland. Bei den Maoris (Ureinwohner Neuseelands) heißt eine beliebte Nationalspeise »kett abbab«. Das bedeutet: »rote Soße«. Die Farbe kam allerdings nicht von den Tomaten, sondern von Tierblut. Das haben die Amerikaner schnell geändert. Alle anderen Zutaten blieben gleich und der Name wurde ebenfalls übernommen.

Richtig ist Antwort a)

In einem chinesischen Kochbuch aus dem Jahre 1690 kann man lesen, dass in China zu dieser Zeit bereits eine Sojasoße namens »ketsiap« zu Fisch und Geflügel gereicht wurde. Diese Soße gelangte im Gepäck der Handelsfahrer im 18. und 19. Jahrhundert nach Europa und Amerika.

Auf den verschiedenen Kontinenten entwickelte sich die Soße unterschiedlich weiter: Die Engländer kreierten daraus im Laufe der Zeit ihre sogenannte »Worcestersauce«, die Amerikaner vermischten die chinesische Soße mit Tomaten und gaben ihr daher den Namen »tomato catsup«.

Harry Heinz war es schließlich, der diese Soße mit dem neu entwickelten Rezept als Erster industriell herstellte. Der Heinz-Ketchup ist nach wie vor sehr begehrt und hat mittlerweile fast die ganze Welt erobert.

Warum gibt es an St. Martin einen Laternenumzug?

a) Von St. Martin wird erzählt, dass er im 13. Jahrhundert lebte und besondere Heilkräfte hatte. Er zog als Nachtwächter mit seiner Laterne durch die Straßen. Und sobald sein Licht einen kranken Menschen streifte, war dieser geheilt. Seither gedenken wir jedes Jahr dieses heiligen Mannes, indem wir mit Laternen durch die Straßen ziehen.

b) St. Martin war ein so guter Mann, dass er fast all sein Hab und Gut an Bedürftige verschenkte. Als man ihn dafür ehren und zum Bischof weihen wollte, versteckte er sich. Die Menschen suchten ihn überall und durchstreiften sogar nachts mit Laternen die Gegend.

c) Martin lebte um 1500 auf Helgoland. Als eines Abends ein Sturm aufkam, entzündete er ein großes Feuer an der Küste. So konnten sich die Fischer nach Hause retten. Seither gibt es Leuchttürme und einen Laternenumzug am Martinstag.

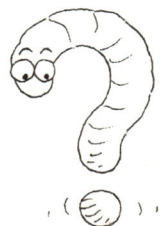

Richtig ist Antwort b)

St. Martin lebte von 317 bis 397 n. Chr. und arbeitete beim römischen Militär. Als er von einem nächtlichen Ritt nach Hause kam, bat ihn ein halb erfrorener Bettler um eine Gabe. Martin hatte kein Geld bei sich. Also nahm er seinen Mantel, halbierte ihn mit seinem Schwert und gab die eine Hälfte dem Bettler.

Das und viele andere gute Taten machten ihn im ganzen Land beliebt. Daher wollte man ihn zum Bischof weihen. Aber Martins Bescheidenheit war so groß, dass er sich in einem Gänsestall versteckte, als er davon hörte. Die Menschen suchten ihn überall und durchforsteten nachts mit Laternen die Gegend. Die Gänse verrieten ihn schließlich, denn sie kreischten so laut über den Eindringling, dass man ihn fand.

Deshalb ziehen wir am Martinsabend mit leuchtenden Laternen singend durch die Straßen und essen eine Martinsgans.

Übrigens: Martin wurde doch noch Bischof von Tours.

Warum heißt die größte internationale Auszeichnung beim Film »Oscar«?

a) Das kommt daher, weil eine Sekretärin der Akademie für Filmkünste und -wissenschaften in Hollywood beim Anblick des Goldjungen angeblich gerufen hat: »Der sieht ja aus wie mein Onkel Oscar!«

b) »Oscar« ist die Abkürzung für »original super car«, was auf Deutsch so viel heißt wie »originales Superauto«. Ursprünglich sollte die Trophäe nämlich ein kleines goldenes Auto darstellen. Erst kurz vor der ersten Preisverleihung hat man sich für einen Goldjungen entschieden.

c) Der Oscar wurde 1929 zum ersten Mal an einen Bernhardiner namens Oscar verliehen. Er spielte in einem Krimi eine tragende Rolle. Der Hund wurde so beliebt, dass die größte Filmauszeichnung nach ihm benannt wurde.

Richtig ist Antwort a)

Der 34cm große Goldjunge ist der wichtigste Filmpreis der Welt. Verliehen wird er jedes Jahr im März von der »Academy of Motion Pictures Arts and Sciences« (auf Deutsch: Akademie für Filmkünste und -wissenschaften) in Hollywood.

Ursprünglich hieß der Preis »Verdienstauszeichnung für herausragende Leistungen«. Aber alle nennen ihn nur »Oscar«.

Es wird erzählt, dass er diesen Spitznamen einer Sekretärin verdankt. Als sie die Statue zum ersten Mal sah, soll sie gerufen haben: »Der sieht ja aus wie mein Onkel Oscar!«

Am 16. Mai 1929 war es zum ersten Mal so weit: Die 250 Akademie-Mitglieder trafen sich in Los Angeles in einem Hotel zur ersten Preisverleihung. Es waren kaum Preisträger anwesend und die Zeremonie dauerte ganze vier Minuten und 22 Sekunden! Kaum zu glauben, denn heute dauert die Oscar-Verleihung mehr als vier Stunden.

Warum gibt es Sparschweine?

a) Einer griechischen Sage zufolge besaß Dionysos, der Gott des Weines, ein Hausschwein, das Goldtaler ausschied. Also haben sich die Griechen vor über 4.000 Jahren Schweine getöpfert, doch leider kam bei ihnen nur das Geld heraus, das sie vorher selber reingeworfen hatten.

b) Die Tonmischung, aus der früher Krüge zur Geldaufbewahrung hergestellt wurden, hieß »pygg«. Das ganze Gefäß hieß entsprechend »pygg banks«, weil es eben – wie eine Bank – Geld aufbewahrte. Eine Töpferei hat das missverstanden und töpferte Schweine, denn »pig« ist das englische Wort für Schwein.

c) In der größten Bank Ohics in Amerika bewachte Anfang des 19. Jahrhunderts ein dressiertes Schwein den Safe. Als ein berüchtigter Bankräuber auftauchte, biss es ihm kurzerhand in den Knöchel und quiekte alle Angestellten zusammen. Zum Dank durfte das Schwein seinen Lebensabend im Büro des Direktors verbringen. Und der ließ ab diesem Tag Sparschweine aus Ton herstellen.

Richtig ist Antwort b)

Im mittelalterlichen England haben sich die Menschen aus einer billigen Tonmischung Tongefäße hergestellt, in denen sie das Geld versteckten, das sie übrig hatten. Da sie ihr Geld nicht zur Bank trugen, sondern eben in den Krug oder die Schale legten, und da die dafür verwendete Tonmischung den Namen »pygg« trug, wurde das Gefäß schlicht »pygg banks« oder salopper »piggy banks« genannt.

Nun wird folgende Geschichte erzählt: Irgendwann im 19. Jahrhundert erhielt angeblich eine englische Töpferei einen Auftrag zur Produktion von »pygg banks«. Tja, und da zu diesem Zeitpunkt die Tonmischung schon lange aus der Mode gekommen war und keiner mehr den Namen »pygg« kannte, hat die Töpferei den Auftrag völlig missverstanden und töpferte Schweinchen. Denn »pig« ist englisch und heißt auf Deutsch Schwein.

Mit einem Schlitz am Rücken wurde das Sparschwein sofort der Renner, besonders bei Kindern.

Welche Stadt hat die meisten Einwohner?

a) Wenn die zuständigen Behörden recht haben, leben im Großraum von Japans Hauptstadt Tokio 33.444.000 Menschen, mehr als in jeder anderen Stadt. Oder sind es doch 33.444.001? Bitte alle in einer Reihe aufstellen, wir wollen noch einmal nachzählen . . .

b) Wer die Stadt mit den meisten Menschen besuchen will, wird keine Wolkenkratzer, sondern Dörfer vorfinden: Nosta illo sagfre Nostaggi. Das ist Russisch und heißt: »Ort der ungezählten Orte«. 30 Millionen Bürger leben in den 1758 Dörfern in Sibirien, dem äußersten Nordosten Russlands. Sie wurden aus organisatorischen Gründen zusammengefasst.

c) Über eine Milliarde Einwohner drängeln sich in Antsville – mehr als ein Sechstel der Weltbevölkerung. Allerdings laufen sie auf sechs Beinen! Der weltweit größte Ameisenhaufen wurde 1986 vom König des Südsee-Inselstaates Tongobo ins Bürgerbuch aufgenommen. Das fleißige Völkchen hat sogar eine eigene Postleitzahl!

Richtig ist Antwort a)

Tokio, die japanische Hauptstadt, ist die Stadt mit der größten Einwohnerzahl. 1950, als in New York schon über zwölf Millionen Menschen lebten, war die »östliche Hauptstadt«, so kann man das Wort »Tokio« übersetzen, ungefähr halb so groß, also fast noch ein Kuhdorf. Innerhalb von 25 Jahren hat sich die Zahl der Bürger dann jedoch verdreifacht. Damit ließ Tokio die 15 anderen großen Städte der Welt weit hinter sich.

Die genaue Einwohnerzahl dieser riesigen Städte festzustellen, ist eigentlich kaum möglich, da ein Großteil der Menschen nicht gemeldet ist und in Elendsquartieren lebt. In Mexico City gibt es zum Beispiel einen sogenannten Slum mit über vier Millionen Bewohnern, der aber in keinem Stadtplan zu finden ist!

Große Städte haben auch große Probleme zu bewältigen. Denn mit der Einwohnerzahl wachsen natürlich auch Verbrechen, Müll und Luftverschmutzung.

Wer erfand den Klettverschluss?

a) Im Weltall müssen alle Gegenstände am Raumanzug befestigt werden, sonst fliegen sie davon. Mit den großen und klobigen Handschuhen war das oftmals eine umständliche Fummelei. Daher entwickelte ein Astronaut der NASA auf der ISS den Klettverschluss. Mit ihm muss alles einfach nur noch angedrückt werden.

b) Die Klette ist ein Gewächs, das sich an Stoff festhakt – und ein Schweizer kam auf die Idee, diese Festhak-Methode zu kopieren. Lange untersuchte er Kletten unter seinem Mikroskop und konnte tatsächlich einen Verschluss entwickeln, der wie die Klette »zupackt«.

c) Eine Schneiderin und Mutter von vier kleinen Kindern hatte die Schuhbinderei satt. Voller Tatendrang setzte sie sich in jeder ruhigen Minute an ihren Arbeitsplatz und entwickelte Schritt für Schritt den Klettverschluss. Da es nur wenig ruhige Minuten im Leben einer Mutter gibt, brauchte sie zehn Jahre dafür. Doch die Mühe hat sich gelohnt. Mittlerweile ist sie mehrfache Millionärin. Ihr Name: Julia Klett.

Richtig ist Antwort b)

Die Idee des Klettverschlusses hat ein Schweizer namens George Mestral der Natur abgeguckt. Als er nämlich in den Bergen wandern ging, hefteten sich jede Menge Kletten (kugelförmige Blüten einer Pflanze) an seine Hosenbeine.

Da Mestral Erfinder war, war er von Haus aus neugierig und wollte unbedingt hinter das Geheimnis dieser Klebemethode kommen. Also nahm er die Kletten mit nach Hause und untersuchte sie unter seinem Mikroskop. Dabei entdeckte er, dass die dünnen Stacheln der Klette an ihren Spitzen winzige, bewegliche Häkchen haben. Und sobald sie in Kontakt mit Stoff kommen, haken sie sich an den kleinen Schlaufen des Stoffes fest. Die Pflanzen machen das, um sich möglichst weit verbreiten zu können.

Mestral arbeitete zehn Jahre lang daran, diese »Häkchen«-Methode zu kopieren. Er entwickelte zwei verschiedene Streifen, die zusammenhaften, sobald man sie aneinanderdrückt. Denn auf der Oberfläche des einen Streifens waren klitzekleine Häkchen (wie bei der Klette) befestigt und auf der anderen Schlaufen (wie beim Stoff). Klar, dass die Klette für den Namen des neuen Verschlusses Pate stehen durfte. 1951 meldete er seine Entdeckung zum Patent an.

Warum nennt man den Kaiserschnitt Kaiserschnitt?

a) Wenn früher eine Kaiserin ihr erstes Kind erwartete, wurde es immer per Kaiserschnitt geholt. Denn bei dem Nachwuchs handelte es sich um den nächsten Kaiser, falls es ein Junge war. Ein Kaiserschnitt bedeutete für den wichtigen Nachwuchs weniger Risiken als eine natürliche Geburt.

b) Ein Arzt, der im ausgehenden 19. Jahrhundert in Göttingen die Geburtenstation der Frauenklinik leitete, führte am 6. April 1881 weltweit zum ersten Mal einen Kaiserschnitt durch. Eine Schwangere drohte, an der Geburt des Kindes zu sterben, weil ihr Geburtskanal zu eng war. Die Operation glückte. Der Name des Arztes war Alwin Kaiser.

c) Angeblich soll der römische Kaiser Julius Cäsar per Kaiserschnitt zur Welt gekommen sein. »Caedare« ist lateinisch und heißt auf Deutsch »herausschneiden«. Seither wird dieser Eingriff Kaiserschnitt genannt.

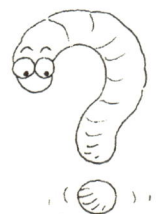

Richtig ist Antwort c)

Der Kaiserschnitt hat seinen Namen von Gajus Julius Cäsar, welcher der Legende nach aus dem Bauch seiner Mutter herausgeschnitten werden musste. So steht es zumindest in den Aufzeichnungen des Schriftstellers Plinius geschrieben.

Auf Lateinisch heißt herausschneiden »caedare«. Angeblich soll Gaius Julius auch auf diese Weise zu seinem Beinamen »Caesar« gekommen sein. Und die Deutschen haben im Laufe der Jahrhunderte aus »Caesar« »Kaiser« gemacht.

Selbst wenn Plinius mit dieser Behauptung nicht recht gehabt haben sollte, so verdankt der Kaiserschnitt seinen Namen zumindest der Fantasie dieses altrömischen Schriftstellers.

Im Englischen heißt der Eingriff übrigens heute noch »Caesarian section«.

Wie heißt der höchste Berg der Erde?

a) Der Mount St. Helen ist erst seit kurzer Zeit der höchste Berg der Erde. Als der bis dahin schlummernde Vulkan im Jahr 1980 ausbrach, lagerten sich erkaltete Lavamassen auf dem Gipfel ab und ließen den Berg um 400 Höhenmeter wachsen. Für den bislang eher unbekannten amerikanischen Bundesstaat Washington ist der junge Riese mit 8.882 m eine willkommene Klettertouristen-Attraktion.

b) Wer möchte nicht mal den höchsten Berg der Welt besteigen? Auf dem 8.850 m hohen Mount Everest herrscht so ein Andrang, dass sich die Gipfelstürmer schon Jahre im Voraus anmelden müssen.

c) Durch einen Schreibfehler galt der K2 in Pakistan jahrelang als zweithöchster Berg der Erde. Auf einer Satellitenaufnahme wurden 1999 die Schatten aller Achttausender verglichen: Der K2 ist nicht 8.610 m, sondern 8.910 m hoch und damit der höchste Berg der Welt.

Richtig ist Antwort b)

Der höchste Berg der Welt liegt zur einen Hälfte in Nepal, zur anderen in Tibet. Sein Gipfelgrat trennt die beiden Länder. Die Nepalesen nennen ihn »Göttinmutter der Welt«, in Tibet heißt er »Himmelskönig«. Dagegen klingt »Mount Everest«, sein offizieller Name, richtig unromantisch. Benannt wurde er nach dem Vermessungsbeauftragten George Everest.

Zu Beginn des 19. Jahrhunderts hatte Sir Everest damit begonnen, das Himalajagebirge zu vermessen. Aber erst seinem Nachfolger gelang es, die exakten Maße zu ermitteln. Das war gar nicht so einfach, schließlich gab es noch keine Satelliten und Lasermessgeräte. 1849 konnte das Ergebnis präsentiert werden. Der höchste Gipfel des Gebirgszuges liegt 8.848 m über dem Meeresspiegel und ist damit der höchste Gipfel der Welt. Inzwischen sind es sogar 8.850 m, denn jährlich kommen durch Bewegungen der Erdkruste, der sogenannten Plattentektonik, 1 bis 2 cm dazu.

Warum sagt man »toi, toi, toi!«?

a) »Tea Organisation International« heißt abgekürzt »Toi«. Die Engländer wollten Mitte des 18. Jahrhunderts ihre Teetradition auf der ganzen Welt verbreiten. Dafür gründeten sie eine Organisation, welche die Gemütlichkeit des Teetrinkens allerorten anpries. Zurückgeblieben ist nur der Ausruf »toi, toi, toi!«, den wir heute verwenden, wenn wir uns besonders wohlfühlen.

b) Mit dem Ausruf »toi, toi, toi!« sage ich meinem Gegenüber, dass ich ihn schätze und ehre wie keinen anderen. »Toi« heißt auf Chinesisch »Kaiser«. Die Chinesen verehrten ihren Kaiser so sehr, dass sie seinen Titel dreimal hintereinander ausriefen, um einander zu grüßen. Diesen chinesischen Brauch haben wir übernommen, allerdings verwenden wir ihn für Freunde, nicht für Herrscher.

c) »Toi, toi, toi!« ist die lautmalerische Version von Spuckgeräuschen. Spucke hält nämlich böse Geister fern, so ein alter Aberglaube. Und einen Freund, der vor einer Prüfung oder einem Auftritt steht, möchte man mit diesen Worten gerne vor den bösen Geistern schützen. So war es zumindest früher – heute wünscht man einander mit diesen Worten einfach nur Glück und Erfolg.

Richtig ist Antwort c)

Mit dem Ausdruck »toi, toi, toi!« wünscht man jemandem Glück und Erfolg, besonders für eine Prüfung oder einen künstlerischen Auftritt.

Früher gab es den Aberglauben, dass böse Geister sofort herbeieilten, sobald jemand gelobt wurde. Mit Neid und Missgunst fielen sie dann angeblich über den Gelobten her.

Wenn man nun aber trotz dieser Gefahr ein Lob aussprechen wollte, musste man sofort ein »unberufen« hinzufügen und gleich darauf dreimal auf Holz klopfen. Mit dieser Geste glaubte man, die Geister fernhalten zu können.

Zusätzlich half auch noch ein dreimaliges Ausspucken vor dem zu Schützenden, denn Speichel galt früher als eine Art Abwehrzauber gegen Dämonen und war kein Zeichen der Verachtung, so wie heute. Der »Toi-toi-toi!«-Ruf ist einfach die lautmalerische Version des Spuckgeräusches.

Sagt dir also ein Freund vor einem entscheidenden Augenblick »toi, toi, toi!«, heißt das nichts anderes, als dass er dir vor die Füße oder über die Schulter spuckt, um böse Dämonen von dir fernzuhalten.

Warum essen die Chinesen mit Stäbchen?

a) Stäbchen gab es lange vor Gabeln. Messer galten lediglich als Küchenwerkzeug zur Vorbereitung von Speisen, gehörten aber nicht auf den Tisch. Alle Menschen aßen damals mit den Fingern. Warum die Chinesen vor fast 4.000 Jahren plötzlich Stäbchen benutzten, ist nicht klar. Vielleicht war es einfach nur praktisch, weil man damit bequem essen konnte und die Finger sauber blieben.

b) Chinesische Ess-Stäbchen gibt es ganz genau seit dem 30. Februar 1813. An diesem Tag rammte sich der Kaiser von China aus Versehen eine Gabel tief in seine rechte Hand. Noch am gleichen Tag brachte er ein neues Gesetz heraus: »Ab heute wird in meinem Land nur noch mit ungefährlichen Stäben gegessen!«

c) In China wird überhaupt nicht mit Stäbchen gegessen. Lediglich die chinesischen Restaurants in Europa haben sie zur Tradition erklärt, weil das Essen mit Stäbchen für die Europäer aufregend und spannend ist.

Richtig ist Antwort a)

Die chinesischen Ess-Stäbchen gibt es schon seit fast 4.000 Jahren. Damals haben noch alle Menschen auf der Welt mit den Händen gegessen. Messer waren lediglich Werkzeuge zur Vorbereitung der Nahrung und Gabeln waren noch nicht erfunden.

Es ist nicht so ganz klar, wie die Chinesen auf die Idee kamen, ihr Essen zwischen zwei Stäbchen zu klemmen, um es dann in den Mund zu schieben. Konfuzius, ein chinesischer Philosoph, soll angeblich gesagt haben, dass ein Messer eine gefährliche Waffe am Tisch sei. Vielleicht fanden die Chinesen das Essen mit Stäbchen aber auch einfach nur vornehmer als mit den Händen. Oder bequemer, denn die Speisen wurden in der Küche schon immer zu mundgerechten Stücken zugeschnitten, sodass man beim eigentlichen Essen keine Arbeit mehr hatte. Große Teile wie zum Beispiel ein Schnitzel kommen in China nicht auf den Tisch.

Die Reichen hatten Stäbchen aus Elfenbein oder Silber. Alle anderen aßen mit Holz- oder Bambusstäbchen.

Übrigens: Es gibt Schätzungen, dass ca. 500 Millionen Menschen Messer und Gabel benutzen, 1,2 Milliarden Stäbchen verwenden und ca. 4,6 Milliarden Menschen mit den Fingern essen.

Wo gab es den ersten Zoo?

a) Am 1.1.1000 öffneten sich die Pforten des Aachener Tiergartens, in dem sich zu diesem Zeitpunkt genau 1.000 verschiedene Tierarten tummelten. Dieser Park war das Geschenk Kaiser Karls des Großen an sein Volk, um das beginnende neue Jahrtausend gebührend zu feiern. Der Welt schenkte er damit den ersten zoologischen Garten.

b) Ein schriftlicher Beleg für den ersten Tierpark der Welt fand sich bei Ötzi, einer der berühmtesten Mumien. Der Mann war offensichtlich auf dem Rückweg vom Bozener Zoo, als er für die nächsten 5.000 Jahre im Schnalstaler Gletscher festfror. In seiner gut erhaltenen Jackentasche steckte noch die Eintrittskarte aus Wachs.

c) Der sagenumwobene König Schulgi schmückte vor über 4.000 Jahren seine Hauptstadt Ur in Mesopotamien nicht nur mit Tempelbauten und Gartenanlagen, sondern auch mit dem ersten Tierpark der Welt.

Richtig ist Antwort c)

Während sich heute »die Reichen und Schönen« mit teuren Autos oder Privatflugzeugen schmücken, taten sie sich vor über 4.000 Jahren mit seltenen Tieren aus fremden Ländern hervor.

Der sumerische König Schulgi regierte um 2050 v. Chr. in Mesopotamien, dem heutigen Irak. Es wird erzählt, dass er exotische Tiere sammelte und in seiner Gartenanlage ausstellte. Dieser erste Zoo der Welt war vermutlich aber nicht für jedermann zugänglich.

Erst die Französische Revolution (1789–1794) sorgte dafür, dass nicht nur die Reichen und Adligen in den Genuss eines Tierparks kamen, sondern auch der Rest der Bevölkerung. Tierparkanlagen, wie zum Beispiel die Pfaueninsel bei Potsdam, standen endlich allen offen.

Den zoologischen Garten, wie wir ihn heute kennen, gibt es erst seit 1907. Carl Hagenbeck gründete in Hamburg den ersten Tierpark, in dem die Tiere in möglichst naturgetreuen Gehegen leben.

Wer erfand die Turnschuhe?

a) Schuhe gibt es schon seit ewigen Zeiten, allerdings waren sie früher hart und unbequem. Erst als der Amerikaner Charles Goodyear durch einen Zufall einen Trick herausfand, wie man Gummi biegsam und haltbar macht, kam der erste Turnschuh auf den Markt.

b) Diese Frage wird wohl für immer unbeantwortet bleiben aufgrund des berühmten »ostfriesischen Turnschuhs«. Er ist eines der sieben Weltwunder. Erst 1911 fand man in Ostfriesland eine Moorleiche, die 2.000 Jahre im Moor konserviert war. Sie trug Turnschuhe, obwohl es damals nirgendwo auf der Erde derartiges Schuhwerk gab.

c) Den ersten Turnschuh hat ein afrikanischer Langstreckenläufer entwickelt. Er plante, sieben Tage nonstop durch die Wüste zu laufen. Bis zu diesem Zeitpunkt waren alle Schuhe noch viel zu schwer für ein solches Vorhaben. Den Turnschuh entwickelte er mit Erfolg, den Lauf schaffte er allerdings nicht, da er sich eine Woche vor dem Start beim Training den Knöchel brach.

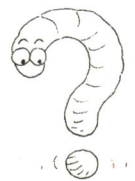

Richtig ist Antwort a)

Schuhe wurden erst bequem und belastbar, als man lernte, Gummi richtig zu verarbeiten. Und das kam so: Im Sommer 1834 betrat Charles Goodyear in New York ein Gummigeschäft. Der Filialleiter des Ladens beklagte sich über die Hitze, die seine Gummiprodukte zu einer übel riechenden, klebrigen Masse zusammenschmelzen ließ.

Goodyear, der ziemlich pleite war, witterte eine Geschäftsidee und fing an zu tüfteln. In einer Pfanne erhitzte er Kautschuk (gummiartiger Milchsaft von tropischen Pflanzen) und walzte ihn platt. Nach dem Abkühlen formte er aus dem Fladen Schuhe für seine Kinder. Doch im Winter waren sie steif wie Stein und in der Sommerhitze wurden sie sofort weich und flossen auseinander.

Als Goodyear einem Händler seine Kautschukmischung vorstellen wollte, machte dieser sich über das Produkt lustig. Erbost schwenkte Goodyear die Mischung durch die Luft und sie landete auf dem glühend heißen Ofen. So hoch hatte Goodyear sie noch nie erhitzt, und als er die Masse vom Ofen kratzte, stellte er fest, dass der Teil, der nicht zu sehr verbrannt war, exakt zu dem Gummi wurde, das er sich immer gewünscht hatte: Es blieb bei Kälte biegsam und in der Wärme schmolz es nicht. Bald darauf kamen die ersten Turnschuhe auf den Markt – aus Stoff mit Gummisohle.

Wo liegt der tiefste See?

a) Der ostfriesische Monkersee hat eine Art doppelten Boden. Durch Zufall wurde 1984 entdeckt, dass der See unter einer Schlickschicht noch weitergeht. Allerdings ist es noch nicht gelungen, die wahre Tiefe des Sees zu messen, denn von den Tauchern, denen es gelang, sich durch die Schlickschicht zu wühlen, ist keiner je zurückgekehrt. Fossile Bakterien im Wasser lassen jedoch eine Gesamttiefe von mehr als 3.000 m erahnen. Damit ist er der tiefste See der Welt.

b) Mit 1470 m ist der Tanganjikasee in Tansania der tiefste Süßwassersee der Erde. In den Tiefen des wichtigsten Frischwasser-Reservoirs Afrikas ist der Regenbogenfisch zu Hause, den fast jedes Kind aus den bekannten Bilderbüchern kennt.

c) Der sibirische Baikalsee ist der älteste, siebtgrößte und mit 1.741 m zugleich tiefste See der Welt. Im Winter wird seine über 1 m dicke Eisdecke von den Anwohnern gern als Straße genutzt. Auf diese Weise verkürzt sich die Fahrt ins gegenüberliegende Dorf erheblich.

Richtig ist Antwort c)

Vor über 25 Millionen Jahren begann sich der eurasische Kontinent zu bewegen. Dabei entstand quer durch Sibirien, im Osten Russlands, ein riesiger Riss, ein sogenanntes Rift-Valley. Flüsse flossen in diese Absenkung und der 31.500 m^2 große und 1.741 m tiefe Baikalsee entstand.

Wenn man den Stöpsel herausziehen und ihn ganz leer machen könnte, bräuchten alle Flüsse dieser Welt fast ein Jahr, um die 23.600 Milliarden m^3 (Kubikmeter) Wasser wieder aufzufüllen!

»Baj Kalj« ist Russisch und heißt übersetzt »Reicher See«. Und das ist kein Wunder, denn es gibt 1.300 Tier- und Pflanzenarten, die ausschließlich am und im Baikalsee leben. In den mannshohen Schwammwäldern am stockdunklen Grund wohnt zum Beispiel der Golominka, ein großer durchsichtiger Fisch ohne Schuppen. Und an den Seeufern haust die kleine Baikal-Ringelrobbe, die einzige Süßwasserrobbe der Welt.

Wann klingelte das erste Handy?

a) Das erste Handy klingelte 1952 bei der Premiere des Films »Silberzeh« in Hollywood. Der Hauptdarsteller, Geheimagent John Fond, trug ein als Zigarettenschachtel getarntes Mobiltelefon in der Anzugtasche. Dabei handelte es sich natürlich um eine Attrappe, denn damals gab es derartige Telefone noch gar nicht.

b) 1983 brachte die Firma Motorola ein Modell mit dem hübschen Namen »Dyna TAG 8000X« auf den amerikanischen Markt. Das wegen seiner Größe auch liebevoll »der Knochen« genannte Mobiltelefon gilt als das erste Handy der Welt.

c) Im Zweiten Weltkrieg machten sich die Franzosen die Übertragung von Schall durch Wasser zunutze. Die Kommandeure der U-Boot-Flotte konnten sich mittels eines sogenannten Schallhandys im Atlantischen Ozean unterhalten, allerdings nur bei einer Tiefe von mindestens 5.000 m unter dem Meeresspiegel.

Richtig ist Antwort b)

Als Neil Armstrong 1969 die ersten Worte vom Mond an die Menschheit richtete, hatte der Direktor der Technologiefirma Motorola eine Idee: Auch auf der Erde wäre es von Vorteil, ohne Kabel telefonieren zu können! Aber erst nach 14-jähriger Entwicklungsarbeit und nachdem die Firma ca. 100 Millionen Dollar ausgegeben hatte, wurde der Traum Wirklichkeit.

Im Vergleich zu den heutigen Leichtgewichten war das Dyna TAG 8000X mit seinen 800 g ein schwerer Brocken. Und in der Hosentasche fand es bei einer Länge von über 30 cm auch keinen Platz. Aber immerhin konnte man das schnurlose Telefon mit sich herumtragen. Deswegen gilt es als das erste echte Handy der Welt.

Trotz des hohen Preises von fast 4.000 Dollar hatte das amerikanische Mobilnetz nach einem Jahr schon 30.000 Teilnehmer.

Fast ein Jahrzehnt später hatten die mobilen Telefone auch Deutschland erobert. Während Anfang der 90er-Jahre das Telefonieren mit dem Handy noch Managern und Geschäftsleuten vorbehalten war, klingelt es heute schon in zahlreichen Kinderzimmern.

Wie groß ist Deutschlands kleinste Schule?

a) Deutschlands kleinste Schule ist nicht größer als ein Lastwagen. Da auch Zirkuskinder unterrichtet werden müssen, hat der berühmte Circus Krone sogar eine eigene Lehrerin. Auf vier Rädern rollt das Klassenzimmer durch Deutschland und Europa.

b) Der Rektor der Grundschule Kleinhäuslingen in Franken hat sich für seine Schüler etwas Besonderes ausgedacht: Damit sich die Erstklässler in der neuen Umgebung nicht verloren fühlen, hat er das Schulhaus auf die Hälfte verkleinert. Was er allerdings zu bedenken vergaß: Die Lehrer müssen jetzt die Köpfe einziehen.

c) Die Fernsehsender ARD und ZDF haben eine Stiftung für Hochbegabte gegründet. Genau drei Schüler werden während ihrer gesamten Schulzeit von Professoren und Wissenschaftlern betreut. Für die staatlich anerkannte Schule steht ein Raum im Berliner Funkturm zur Verfügung.

Richtig ist Antwort a)

Die Kinder der Artisten und Angestellten des Circus Krone haben eine eigene winzige Schule in einem umgebauten Lastwagen. Auf dem Lehrplan der rund fünf Schüler stehen nicht Seiltanzen und Jonglieren, sondern Mathe, Deutsch und Sachkunde. Wie es auch früher auf dem Land üblich war, werden hier alle Jahrgangsstufen von einer Lehrerin gleichzeitig unterrichtet. Das rollende Klassenzimmer ist vom bayerischen Kultusminister als staatliche Schule anerkannt worden.

Was die Schülerzahlen angeht, können die Grund- und Hauptschulen der Nordseehalligen Gröde und Nordstrandischmoor miteinander um den Titel »kleinste Schule Deutschlands« wetteifern. In manchen Jahren sitzt dem Lehrer nur ein einziger Schüler gegenüber, je nachdem wie viele schulpflichtige Kinder es gerade gibt. Bei ca. 18 Inselbewohnern sind das meistens nicht viele. Abschreiben ist da ganz schön schwierig.

Wann flog zum ersten Mal ein Mensch?

a) Der römische Geschichtsschreiber Catull berichtet, dass die ägyptische Königin Kleopatra im Jahr 39 v. Chr. mit einer Art Hubschrauber zu einem Staatsempfang reiste. Vier Sklaven bewegten mittels einer Zahnradkonstruktion den Propeller. Die erste Flugmaschine der Welt konnte allerdings nicht höher als 50 cm über dem Boden fliegen.

b) 1783 bestiegen die Franzosen Jean-François Pilâtre de Rozier und Marquis de Arlandes einen Heißluftballon und schwebten damit 25 Minuten lang über Paris. Allerdings hatten sie dieses Flugexperiment zunächst an ein paar Tieren ausprobiert. Erst dann trauten sie sich selbst, in die Luft zu steigen.

c) Als erster fliegender Mensch gilt der italienische Geistliche Piedro di Ballone. Nach zahlreichen Experimenten gelang es ihm, 1779 mit seinen selbst konstruierten Flügeln vom Boden abzuheben. Trotz der enormen Spannbreite von jeweils 2,5 m kam er nie weiter als 5 m. Als er sich schließlich bei seinen Flugexperimenten einen komplizierten Beinbruch zuzog, gab er auf.

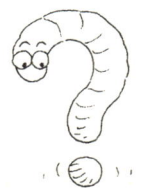

Richtig ist Antwort b)

Der Traum vom Fliegen ist so alt wie die Menschheit. Eine griechische Sage erzählt von Ikarus, der mit selbst gebauten Flügeln in den Himmel stieg. Aber er hörte nicht auf die Warnung seines Vaters und flog zu nahe an die Sonne. Das Wachs, das die Federn seiner Flügel zusammenhielt, schmolz und Ikarus stürzte zu Tode.

Obwohl die meisten Menschen glaubten, der Himmel sei den Göttern vorbehalten, versuchten einzelne immer wieder, die Schwerkraft zu überwinden. Der Maler und Erfinder Leonardo da Vinci soll zum Beispiel Heilige aus Papier gebastelt haben. Er ließ sie zum Geburtstag des Papstes über einem Feuer in die Luft schweben. Das Prinzip dahinter: Heiße Luft ist leichter als kalte und steigt nach oben.

Auf diese Weise funktioniert auch der Heißluftballon, den die Brüder Montgolfier entwickelten. Ein Hammel, ein Hahn und eine Ente waren die ersten Testpiloten. Als die Tiere vom Ausflug in 2.000 m Höhe unversehrt zurückkamen, trauten sich die ersten Menschen in den Korb. 1783 starteten Marquis de Arlandes und Pilâtre de Rozier zum ersten bemannten Flug der Welt.

Wer erfand die Coca-Cola?

a) Coca-Cola ist ein Zufallsprodukt. Der dreijährige Sohn des Limonadenverkäufers Jack Cokeman schüttete den braunen Zuckerrübensirup, den seine Mutter für einen Kuchen bereitstehen hatte, in das Limonadenglas seines Vaters. Bevor er schimpfte, probierte Cokeman das Gemisch. Er war begeistert, feierte seinen Sohn und wurde reich.

b) Die Farbigen in Afrika entwickelten im 17. Jahrhundert das aufputschende Coca-Cola-Getränk aus der Colanuss, die im Süden Afrikas wächst. Das Getränk diente zum Wachbleiben während der rituellen Feste, die zum Teil bis zu 48 Stunden dauerten.

c) Ein amerikanischer Apotheker war immer eifrig darum bemüht, seinen Kunden neue Rezepturen anzubieten. So entwickelte er Schritt für Schritt ein sirupartiges Getränk mit dem Namen Coca-Cola, das er gegen Müdigkeit und Kopfschmerzen verkaufte.

Richtig ist Antwort c)

Dr. John S. Pemberton, ein Apotheker in Atlanta, USA, war ständig auf der Suche nach neuen Rezepturen. So fing er 1885 an, Blätter der in Südamerika wachsenden Kokapflanze in Rotwein zu legen. Vom schlechten Absatz enttäuscht, änderte er ein Jahr später sein Rezept: Er ließ den Wein weg und fügte dem Getränk nun die koffeinhaltige afrikanische Kolanuss hinzu. Um den bitteren Geschmack zu mildern, mischte er Zucker und Aromastoffe bei.

Sein Partner Frank M. Robinson entwarf den bis heute unverändert gebliebenen Coca-Cola-Schriftzug. In den örtlichen Apotheken wurde das Getränk als »bewährtes Gehirntonikum« angeboten, das man pur oder mit Wasser verdünnt gegen Müdigkeit und Kopfschmerzen trinken konnte.

1887 verkaufte Pemberton das Rezept an Asa G. Candler. Dieser veränderte es, indem er dem Getränk kohlensäurehaltiges Wasser beimischte. Zusammen mit Frank Robinson als Partner gründete Candler 1892 die Coca-Cola Company.

Bis 1903 stellten Candler und Robinson den Sirup alleine her – denn sie erkannten, dass die Geheimhaltung des Rezeptes das Getränk geheimnisvoller und dadurch erfolgreicher macht. Noch heute ruht das Rezept in einem Tresor der Trust Company of Georgia, USA. Es wird behauptet, dass nur die Direktoren des Unternehmens verfügen dürfen, wann und für wen der Tresor geöffnet wird.

Welche Marke ist die teuerste Briefmarke?

a) Im 16. Jahrhundert wurde dem Kurier des Zaren eine kleine Papiermarke mit dem Porträt des Absenders auf die Stirn geklebt. So konnte der Empfänger sicher sein, dass der Überbringer der Nachricht tatsächlich im Auftrag des russischen Herrschers kam. Eine dieser Marken liegt im Petersburger Nationalmuseum. Ihr Wert gilt als unschätzbar.

b) Um sein Taschengeld aufzubessern, verkaufte ein kleiner schwedischer Junge alte Briefe aus Omas Erinnerungskiste an einen Händler. Für die Briefmarke »Tre Skilling Banco« bekam er sieben Kronen. 100 Jahre später wurde dieselbe Marke für 1,7 Millionen Euro versteigert.

c) Mit einer Sondermarke aus bunten Brillanten und mit einem Rand aus Platin frankierte Scheich Abdul al Hambra die Postkarten an seine Lieblingsfrau. Der Wert dieser Sondermarke wird ungefähr auf 2,1 Millionen Euro geschätzt.

Richtig ist Antwort b)

Wer 1653 in Paris einen Brief verschicken wollte, musste zuerst einen Papierstreifen der Stadtpost daran festnähen. Erst knapp 200 Jahre später kam ein Postmeister aus London auf den Gedanken, dass selbstklebende Quittungen die Zustellung von Briefen und Päckchen erheblich erleichtern würden.

Mit der ersten Briefmarke entstand auch die Philatelie, so nennt man die Briefmarkenkunde. Philatelisten aus aller Welt sammeln die kleinen Bildchen mit den meist gezahnten Rändern. Besonders beliebt sind dabei ganz seltene, alte Marken, die noch nicht gestempelt wurden.

Als seltenste und teuerste Briefmarke der Welt gilt die gelbe »Tre Skilling Banco« aus Schweden. 1855 wurden 91.000 Stück davon gedruckt. Dabei kam es zu einem Fehldruck und wenige wurden gelb statt grün.

Für das einzige erhaltene Exemplar aus diesem Fehldruck zahlte ein schwedischer Sammler 1996 bei einer Versteigerung 1,7 Millionen Euro. Gemessen am Gewicht ist das Papierstückchen auch der teuerste Gegenstand der Welt!

Welcher Planet ist der heißeste Planet unseres Sonnensystems?

a) Auf der Oberfläche der Venus geht es heiß her. Aus zahlreichen sogenannten »Pfannkuchenvulkanen« tritt dickflüssige Lavamasse und die Durchschnittstemperatur liegt bei ca. 480 °C.

b) Der heißeste Planet ist ein Gesteinsbrocken, den Astronauten während eines Fußballspiels vom Mond aus ins All gekickt haben. Dabei ist er in die Umlaufbahn geraten, die der Sonne am nächsten liegt. Der neue Planet hat eine Temperatur von ca. 1.300 °C und wurde nach dem griechischen Helden Rehakles benannt.

c) Unsere Erde wäre nicht so grün, wenn sie nicht der heißeste Planet unseres Sonnensystems wäre. Aufgrund der größeren Entfernung zur Sonne sind bei allen anderen Planeten Minusgrade bis zu minus 10.000 °C an der Tagesordnung. Da wächst kein Kraut mehr!

Richtig ist Antwort a)

Im Gegensatz zu Sternen, die aus Gas bestehen und von selbst leuchten, sind Planeten feste Himmelskörper. Neun solcher Planeten umkreisen unsere Sonne: Jupiter, Mars, Neptun, Pluto, Uranus, Saturn, Merkur, Venus und unsere Erde, die als Einzige nicht nach einer griechischen Gottheit benannt wurde.

All diese Planeten unterscheiden sich voneinander und jeder hat besondere Merkmale. Pluto ist zum Beispiel der kleinste Planet, Jupiter der größte und Merkur saust auf seiner Bahn doppelt so schnell wie die Erde.

Die Venus kann man mit bloßem Auge erkennen, denn neben Sonne und Mond ist sie das hellste Objekt am Himmel. Auf ihrer Oberfläche herrschen äußerst ungemütliche Zustände, sodass von einer Reise zu ihr nur abgeraten werden kann. Der Druck von 90 Atmosphären (das entspricht dem Druck, der 1000 m unter der Meeresoberfläche besteht) würde einen Menschen zerschmettern. Ihre Kohlendioxidschicht würde ihn ersticken und Schwefelsäuredampf seinen Körper zersetzen. Und außerdem würde der Venustourist auf dem heißesten Planeten unseres Sonnensystems bei 480 °C verbrennen. Da schmilzt sogar Blei!

Wie entstand das Eis am Stiel?

a) Eine erfindungsreiche Krankenschwester aus der Eifel musste an einem Tag im Sommer 1923 die Kinderstation des Krankenhauses ganz alleine versorgen. Um nicht jedes Kind einzeln füttern zu müssen, steckte sie die Löffel kurzerhand in das Speiseeis, schob es noch einmal ins Kühlfach – und fertig war das erste Eis am Stiel. So geriet die Krankenschwester nicht in Stress und die Kinder waren glücklich.

b) Das erste Eis am Stiel entstand zufällig bei einer Wette: Zwei Franzosen hämmerten vorsichtig Nägel in Eiswürfel. Wer die meisten Nägel schaffte, ohne das Eis zu zerstören, hatte die Wette gewonnen. Am Ende erkannten sie das Zufallsprodukt, ersetzten das gefrorene Eis durch Limonade und wurden reich.

c) Ein Limonadenverkäufer ließ aus Versehen im Winter ein Glas mit einem Löffel auf einer Fensterbank stehen. Als er am nächsten Morgen das Glas fand, war die Limonade gefroren und hing am Löffel. So kam es, dass er plötzlich das erste Eis am Stiel in der Hand hatte.

Richtig ist Antwort c)

Die Erfindung des Eises am Stiel ist nicht das Ergebnis von umfangreichen Experimenten. Es ist sozusagen ganz aus Versehen und über Nacht erfunden worden. Und zwar von einem Amerikaner namens Frank Epperson.

Er war Vertreter für Limonade und eines Nachmittags stellte er sein Produkt einer Firma in New Jersey vor. Dabei vergaß er ein Glas Limonade, in dem ein Löffel steckte, auf dem Fensterbrett.

In der folgenden Nacht sank die Temperatur unter 0 °C, und als Epperson am nächsten Morgen den Löffel herausnehmen wollte, hielt er das erste Eis am Stiel in der Hand. Die Limonade war zu Eis gefroren und hing als großer Klumpen am Löffel. Das geschah im Jahr 1923.

Dem Limonadenverkäufer war sofort klar, was für eine geniale Entdeckung er da in seiner Hand hielt. Er verkaufte das Patent an eine Firma, die das Eis am Stiel erfolgreich auf den amerikanischen Markt brachte.

Inzwischen kann man Eis am Stiel fast überall auf der Welt kaufen – und das machen Kinder und Erwachsene mit großer Begeisterung! Allein in Deutschland wurden zum Beispiel im Jahr 1997 628 Millionen Portionen Eis am Stiel gelutscht.

Welcher Park ist der älteste Vergnügungspark der Welt?

a) Seit über 400 Jahren quengeln Kinder aus Kopenhagen: »Bakken« – und wünschen sich damit einen Besuch im gleichnamigen ältesten Vergnügungspark der Welt.

b) 1802 eröffnete Arne Duplosen den Abenteuerspielplatz Legoland. Die Kinder konnten dort mit einem Steckbausystem aus Holz Hütten bauen. Die Bausteine wurden weltberühmt.

c) Im 17. Jahrhundert wurden schwer erziehbare französische Kinder auf eine einsame Insel im Atlantik gebracht. Sie sollten sich dort selbst versorgen und den Ernst des Lebens kennenlernen. Stattdessen erbauten sie aus eigener Kraft den heute noch existierenden Vergnügungspark »Ile des Jeux«.

Richtig ist Antwort a)

Als ältester Vergnügungspark der Welt gilt der »Bakken Klampenborg« bei Kopenhagen in Dänemark.

Im Jahr 1583 entdeckte man im königlichen Tiergarten in Klampenborg eine Quelle mit Heilwasser. Bald schon sprachen sich die Wunderkräfte dieses Wassers herum und zogen zahlreiche Besucher an. Mit den vielen Menschen kamen auch Gaukler, Musikanten und Schauspieler.

Süßigkeitenhändler verkauften Zuckerstangen und es wurde das erste Karussell aufgebaut.

Nach und nach entwickelte sich der Tierpark zum ersten Vergnügungspark für das Volk und das ist er bis heute geblieben.

Sicherlich gibt es im 21. Jahrhundert andere Fahrgeschäfte als vor 400 Jahren. 150 verschiedene Attraktionen bietet der Park mittlerweile seinen kleinen Gästen, unter anderem eine Wildwasserbahn. Die 30 m hohe Holzachterbahn von 1932 ist inzwischen eine Antiquität.

Mit 250 Millionen Besuchern im Jahr gehört der älteste Vergnügungspark auch zu den zehn meistbesuchten der Welt.

Wer backte die erste Pizza?

a) Die Pizza kommt gar nicht aus Italien, sondern wurde von spanischen Seefahrern im 14. Jahrhundert erfunden. Auf langen, stürmischen Überfahrten erwies sich diese Speise als sehr praktisch, denn alle verfügbaren Zutaten mussten nur auf den Teig gelegt und in den Ofen geschoben werden. So sparte man Töpfe, Teller und Besteck.

b) Ein italienischer Bäckergeselle schüttete aus Versehen Salz statt Zucker in eine riesige Schüssel Hefeteig. Damit vernichtete er die gesamte Tagesration. Aus Angst vor seinem Meister versuchte er, den Teig zu retten. Spontan formte er Fladen und legte drauf, was er passend fand: Käse, Tomaten und Salami.

c) Mehrere Jahrhunderte vor Christus backten die Etrusker Teigfladen auf heißen Steinen. Sie wurden als essbare Teller benutzt, denn nach dem Backen belegten die Etrusker sie mit verschiedenen Lebensmitteln. Die Griechen kamen schließlich auf die Idee, den Fladen schon vor dem Backen zu belegen. So entstand die erste Pizza.

Richtig ist Antwort c)

Angefangen hat die Geschichte der Pizza bei den Etruskern, die etwa 700–400 v. Chr. auf dem Gebiet des heutigen Norditalien lebten. Sie backten Teigfladen auf einem Stein in der Nähe ihres Feuers. Der Fladen wurde mit verschiedenen Lebensmitteln belegt und als essbarer Teller benutzt.

Die Griechen, die etwa zur gleichen Zeit im südlichen Teil des heutigen Italien lebten, kamen darauf, den Teigfladen nicht erst nach dem Backen zu belegen, sondern schon vorher. So entstand die erste Pizza. Viele Jahrhunderte lang war sie Hauptnahrungsmittel der armen Leute, denn die Zutaten waren billig und der Teig schnell hergestellt und gebacken.

Um 1830 war Pizza in Neapel äußerst begehrt. So wollte auch der italienische König Umberto I. mit Königin Margherita diese hochgelobte Speise kennenlernen. Für die beiden kam es natürlich nicht infrage, mit dem niederen Volk zu essen. Also lieferte der Pizzabäcker Raffaele Esposito seine Pizza in den königlichen Speisesaal. Und um dem Königspaar seine Vaterlandsliebe zu zeigen, zauberte er eine Pizza in den italienischen Nationalfarben Rot, Weiß und Grün, indem er den Teig mit Tomaten, Mozzarella und frischem Basilikum belegte. Seitdem heißt diese Pizza: Pizza Margherita.

Wer hat das größte Gehirn?

a) In dem 6 m langen Kopf eines Pottwals hat ein großes Gehirn Platz. Es bringt bis zu 9,5 kg auf die Waage.

b) Die Galapagos-Riesenschildkröte hat zwar einen winzigen Kopf, aber trotzdem ein größeres Gehirn als alle anderen Lebewesen. Sie trägt das 25 kg schwere Organ nämlich gut geschützt unter ihrem Panzer.

c) 2,5 kg wiegt ein Rhinozeros-Hirn. Das ist nicht besonders viel, aber die riesigen Nashörner sind in ihrer Entwicklung immer noch nah an den Dinosauriern und haben deswegen vier Gehirne. Zusammengezählt macht das 10 kg Denkapparat.

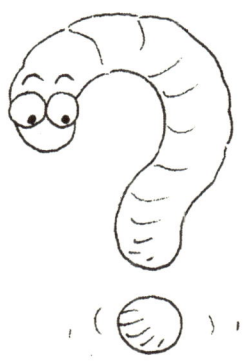

Richtig ist Antwort a)

Ein ausgewachsenes Pottwalmännchen wird bis zu 20 m lang und 50 t schwer. Das sind 50.000 kg! Der Kopf des riesigen Meeressäugetieres misst ein Drittel der Gesamtgröße, also über 6 m. In diesem Quadratschädel findet man das größte Gehirn aller Lebewesen auf der Erde. Es wiegt stolze 9,5 kg.

Aber, halt – so groß ist das gar nicht! Wenn man nämlich das Verhältnis der gesamten Körpermasse zur Gehirnmasse betrachtet, kommt der schwimmende Riese ziemlich schlecht weg. Ein Mensch denkt zum Beispiel mit einem durchschnittlich 1.300 g schweren Hirn. Das sind etwa 2,1% seines gesamten Körpers. Eine Maus hat mit 0,4 g Gewicht sogar 3,2% im Köpfchen. Beim Pottwal hingegen machen Gewicht und Volumen des Gehirns nur 0,021% seines gigantischen Körpers aus.

Offensichtlich reicht das aber, um schlau zu sein. Denn wie ihre nahen Verwandten, die Delfine, sind Pottwale sehr kluge Tiere.

Wie lang ist die längste frei schwebende Brücke?

a) Die Silver Slate Bridge überspannt den 2.001 m breiten Hudson River. Kurz vor Bauende glaubte der Ingenieur John Foster einen verheerenden Rechenfehler entdeckt zu haben. Er fürchtete, die Brücke würde zusammenkrachen und er hätte damit Milliarden in den Sand gesetzt. Aus Verzweiflung nahm sich der Brückenbauer das Leben und sollte nie erfahren, dass er die längste Brücke der Welt konstruiert hatte, denn es gab gar keinen Rechenfehler.

b) Die längste Brücke der Welt entstand zufällig. Die Verbindung zwischen der Türkei und Asien wurde mit zwei Brücken geplant. Eine kleine Insel im Schwarzen Meer diente als Mittelstation. Bei einem Erdbeben versank diese Insel allerdings, doch die Brücke blieb wie durch ein Wunder stehen, bis heute, obwohl sie ganze 3.012 m lang ist.

c) 1.990,8 m lang ist die Akashi-Kaikyo-Brücke in Japan, damit täglich viele Tausend Japaner zum Sushi-Essen auf die Nachbarinsel fahren können.

Richtig ist Antwort c)

Die Akashi-Kaikyo-Brücke verbindet seit 1998 zwei der japanischen Hauptinseln miteinander. Die längste stützenfreie Strecke der Brücke, das sogenannte Hauptfeld, überspannt 1.990,8 m. Einen solchen Brückenschlag schafft bisher keine andere Brücke. Damit bei so langen Distanzen der Unterbau nicht zu dick wird, muss man die Brücke an Stahlseilen aufhängen. Die Stahlseile werden an hohen Stützen, den Pylonen, befestigt. Je höher diese Pylone sind, desto weiter kann man die Seile spannen. Theoretisch könnte so eine Hängekonstruktion bis zu 9 km überbrücken. Das wird allerdings teuer: Rund 5 Milliarden Euro für eine Hängebrücke muss man erst mal zusammensparen!

Als die eiffelturmhohen Pylone der Akashi-Kaikyo-Brücke gebaut wurden, kam es zu einem starken Erdbeben. Dabei sind ihre Fundamente um einen ganzen Meter auseinandergerutscht. Zum Glück konnte die Brücke trotzdem fertiggestellt werden.

Warum sagt man: »Da tanzt der Bär«?

a) Eisbären tanzen tatsächlich! Die Männchen versammeln sich im Frühjahr auf einer Eisscholle und bringen sie mit ihren Tanzbewegungen mächtig ins Schwanken. Wer sich am kühnsten und auffälligsten bewegt, wird von den Weibchen zum Herdenführer gekürt. Daher wird die Redensart zumeist bei besonders charmanten Männern verwendet.

b) Wo der Bär tanzt, da ist mächtig was los, so will es die Redensart. In Wirklichkeit ist es aber eine traurige Angelegenheit, wenn ein echter Bär tanzt. Das macht er nämlich nur, wenn er in Gefangenschaft zum Tanzen gezwungen wird, um Geld einzutreiben.

c) Bären können gar nicht tanzen, dazu sind sie viel zu schwer. Die Redensart kommt daher, weil Fred Sinclase, ein amerikanischer Tanzstar und wilder Partygänger, aufgrund seiner Statur »Tanzbär« genannt wurde. Und wo er tanzte, war tatsächlich immer was los.

Richtig ist Antwort b)

Wenn auf einem Fest »der Bär tanzt«, heißt das, dass es sich um ein tolles Fest handelt, auf dem richtig was los ist.

In der Natur dagegen wurde noch nie ein tanzender Bär beobachtet. Dennoch gibt es sie, allerdings nur in Gefangenschaft. In einigen Ländern bringen heute noch tanzende Bären ihren Besitzern einiges Geld ein, wenn sie auf Jahrmärkten tanzen. Eines ist sicher: Diese Tanzbären haben kein schönes Leben hinter sich und wohl auch keines in Aussicht. Denn sie tanzen nicht freiwillig, ganz im Gegenteil: Damit sich ein Bär zur Musik bewegt, wird er bereits im Babyalter furchtbar gequält, indem er mit den bloßen Tatzen auf ein heißes Blech gestellt wird. Natürlich hebt der Bär dann panisch eine Tatze nach der anderen. Dazu spielt der Bärenhalter Musik. Diese Foltermethode wird so oft wiederholt, bis der Bär tanzt, sobald er Musik hört.

Wer also irgendwo mal einen Bären tanzen sieht, kann sicher sein, dass diese Vorführung eher ein trauriges Ereignis ist und nichts, aber auch wirklich überhaupt nichts mit einer tollen Party zu tun hat, auf der richtig gute Stimmung herrscht.

Wer war der Erfinder der Cornflakes?

a) Der Arzt John Harvey Kellogg wollte eigentlich nur ein Gericht finden, das besser für die Verdauung seiner Patienten war. Er experimentierte zunächst mit gekochten, dann mit getrockneten Weizenflocken. Sein Bruder William fügte dann noch Zucker hinzu – und fertig waren die Cornflakes.

b) An einem heißen Julitag veranstaltete ein Altersheim in Florida ein Sommerfest. Für diejenigen, die nur Schonkost zu sich nehmen durften, stand ein Topf mit gekochten Weizen- und Maisflocken bereit. Doch der wurde ignoriert. Der Brei trocknete aus – und verwandelte sich so in die ersten Cornflakes der Welt. Am Tag der Party noch verschmäht, war er am nächsten Morgen der Hit!

c) Miriam Kelloggs hatte 13 Katzen. Das Fressen für die Haustiere kochte sie jeden Morgen selbst. Unter ihnen gab es auch Feinschmecker, die nicht alles fraßen. Für sie probierte Miriam oft Neues aus. So kam sie Schritt für Schritt auf das Rezept der Cornflakes, die das Leibgericht ihrer Feinschmeckerkatzen wurden.

Richtig ist Antwort a)

Die beliebten Getreideflocken wurden im Jahre 1894 von den Brüdern John und William Kelloggs erfunden. Dabei ging es ihnen gar nicht um den Knusperspaß, sondern nur um die Verdauung ihrer Patienten. John Harvey Kelloggs arbeitete nämlich als Arzt in einer Kurklinik und war auf der Suche nach einem gesunden Frühstück als Alternative zum Brot.

Gemeinsam mit seinem Bruder William entdeckte er eines Morgens eine stehen gelassene Schüssel mit gekochten Weizenflocken. Das brachte die beiden auf eine Idee. Sie tüftelten ein wenig herum – und fertig waren die lederartigen, gebackenen Weizenflocken namens »Granola«.

Sie sollten den Kurgästen ihre Diät schmackhafter machen. William wollte die Erfindung allerdings im größeren Stil auf den Markt bringen und fügte gegen den Willen seines Bruders Rohrzucker zu den bis dahin zwar gesunden, aber nicht sehr schmackhaften Flocken hinzu. Die Nachfrage explodierte und William ließ sich nicht mehr aufhalten. 1906 gliederte er das Geschäft mit den Frühstücksflocken in eine eigene Firma aus, die spätere Kellogg Company. Die Brüder konnten sich nie mehr einigen – im Gegenteil: Sie führten einen jahrelangen Rechtsstreit gegeneinander.

Wie lautet der häufigste deutsche Nachname?

a) Kaum zu glauben, aber wahr: Der häufigste deutsche Name ist zugleich der häufigste chinesische Nachname. Denn da im Mittelalter unzählige Deutsche nach China auswanderten, besitzen auch heute noch ungefähr 2 Millionen Chinesen die deutsche Staatsbürgerschaft. Davon tragen etwas mehr als die Hälfte den Namen »Chan«.

b) Von 28 Millionen erfassten Telefonbesitzern in Deutschland hören 285.003 auf den Namen Müller. Wenn man die Familienmitglieder ohne eigenen Telefonanschluss noch dazuzählt, sind es rund 700.000.

c) 1,3 Millionen Deutsche werden zukünftig Schmit heißen, sobald die neueste Rechtschreibreform in Kraft getreten ist. Die Namen Schmidt, Schmid, Schmitt und Schmit werden nämlich der Einfachheit halber zusammengefasst.

Richtig ist Antwort b)

Als im Mittelalter die meisten Menschen noch auf dem Land oder in kleinen Städten wohnten, waren Nachnamen eine Seltenheit. Doch dann wuchsen die Städte. Im Jahr 1200 lebten in Köln zum Beispiel schon um die 15.000 Bürger. Da war es ganz schön schwierig, unter den vielen Johanns und Heinrichs den Richtigen zu finden! Ein zweiter Name konnte Abhilfe schaffen. Zuerst war es üblich, den Namen des Vaters zum Taufnamen hinzuzufügen: Hans, Sohn von Peter. Daraus wurde Hans Petersohn, kurz: Hans Petersen.

In Island macht man das heute noch so.

Auch der Herkunftsort oder persönliche Eigenheiten, wie zum Beispiel »lang« oder »schön«, konnten Beinamen werden. Und dann wurde natürlich auch der Beruf verwendet, um festzulegen, um was für einen Menschen es sich handelt. Wilhelm der Müller zum Beispiel wurde kurz Wilhelm Müller genannt.

Heute gibt es in Deutschland etwa 900.000 verschiedene Familiennamen. Der häufigste von allen ist Müller (9,5 %), vor Schmidt und Schneider. Tja, damals wurde eben mehr gemahlen als geschmiedet und geschneidert.

Wer erfand die Rollschuhe?

a) Rollschuhe kamen nur einige Monate nach der Ein-
weihung des Frankfurter Flughafens (1949) auf den
Markt. Der Grund: Die Wege, die man dort zurücklegen musste, waren viel zu lang. Thomas Sollborn,
ein Kopilot, hatte die Nase voll vom vielen Laufen
und bastelte sich eines Abends Rollen unter seine
Schuhe. Am nächsten Tag war er der Star auf dem
Gelände.

b) Als im Jahr 1760 der Winter vorüber war, war der
Belgier Joseph Merlin traurig über das Ende der
Schlittschuhsaison. Also montierte er unter seine
Schlittschuhe kurzerhand ein paar Räder, fertig
waren die ersten Rollschuhe.

c) Die Idee der Rollschuhe ist uralt. Schon im antiken
Theater in Griechenland trugen viele Nebenschau-
spieler Rollen unter den Sandalen. Die griechischen
Tragödien waren nämlich äußerst lang und durch
die rollenden Schuhe verschwendeten die Schauspieler bei ihren Auf- und Abtritten nicht so viel
Zeit.

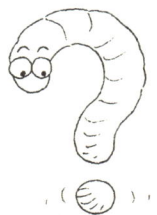

Richtig ist Antwort b)

Der Belgier Joseph Merlin liebte es, im Winter Schlittschuh zu fahren. Im Sommer dagegen vermisste er seinen Lieblingssport. Da kam ihm eines Sommertages eine Idee: Er montierte unter jeden Schuh jeweils zwei kleine Metall-Rädchen hintereinander an die Kufen! Das war im Jahre 1760.

Als er damit auf einem Maskenball am Londoner Königshof erschien, staunten die Gäste nicht schlecht. Geigespielend rollte er in den Saal! Nur leider hatte Joseph eine wichtige Sache vergessen: die Bremsen! So rauschte er in einen großen Spiegel, der mit lautem Getöse zerbrach . . .

Die einspurige Variante, also die Modelle, bei denen die Räder in einer Reihe am Schuh befestigt sind (»Inlineskates«), geriet dann für lange Zeit in Vergessenheit. Ein New Yorker namens James Leonard Plimpton entwickelte Schuhe mit vier Holzrädern, zwei vorn und zwei hinten. Diese Rollschuhe wurden so beliebt, dass für den neuen Freizeitsport sogar extra Hallen und Tanzsäle gebaut wurden. Das war auch nötig, denn die Straßen waren ja damals nicht asphaltiert und auf Schotter oder Kopfsteinpflaster macht es bekanntlich nicht sehr viel Spaß, Rollschuh zu fahren.

Ungefähr 200 Jahre nach der Geburt der Rollschuhe, also im Jahr 1960, wurde die Inline-Idee wieder aufgenommen.

Wie heißt der kleinste menschliche Muskel?

a) Unser kleinster Muskel ist der Harnröhrenschließmuskel. Hätten wir ihn nicht, würden wir uns ständig in die Hose machen. Der 7–8 mm lange Ringmuskel hält das Pipi in der Blase.

b) Die Milchzähne fallen nicht von alleine raus, sie werden von 0,5 mm großen Wackelzahnmuskeln gelockert. So wird die Zahnfee nie arbeitslos.

c) Wenn es uns zu laut wird, greift der 7 mm lange Steigbügelmuskel im Mittelohr ein. Er dämpft den Lärm, indem er die Knöchelchen festhält, die den Schall übertragen.

Richtig ist Antwort c)

Der Steigbügelmuskel ist mit 7 mm Länge der kleinste von rund 650 Muskeln im menschlichen Körper. Bei lautem Krach erhält er vom Gesichtsnerv das Kommando: Steigbügel festhalten!

Hammer, Amboss und Steigbügel heißen die kleinen Knöchelchen im Mittelohr. Sie übertragen den Schall vom Trommelfell zum Innenohr, von wo aus er zum Gehirn weitergesendet wird. Der Steigbügelmuskel kann den Steigbügel festhalten, indem er sich zusammenzieht. Die Schwingung wird dadurch gestört und das Geräusch gedämpft.

Man teilt die Muskeln übrigens in zwei Gruppen: einmal die »Quergestreiften«, die von uns beliebig gesteuert werden können. Dazu gehört zum Beispiel der stärkste Muskel, der Kaumuskel. Und dann die »Glatten«, zu denen auch der Steigbügelmuskel gehört. Diese lassen sich nicht bewusst kontrollieren und bewegen sich ganz von selbst. Am häufigsten tut dies der Augenmuskel, der sich ca. 100.000-mal in 24 Stunden zusammenzieht.

Welches Lebewesen wohnt am tiefsten Punkt der Erde?

a) An der tiefsten Stelle der Erde wohnt ein Schwein. Sein druckfester Eisenstall wird durch Schläuche mit Sauerstoff und Futter versorgt und geputzt. Amerikanische Forscher beobachten das »Tiefsee-Schwein« seit Anfang 2003, um Erkenntnisse über das Leben in anderen Atmosphären zu gewinnen.

b) Der japanische Tauchroboter Kaiko brachte 2002 eine klitzekleine Probe vom tiefsten Punkt des Pazifischen Ozeans an Land. Unter dem Mikroskop konnte man entdecken, dass dort einzellige Kammerlinge aus der Familie der Wurzelfüßer leben.

c) Sagenhafte Meeresungeheuer gibt es nicht nur im Film. An der Pazifikküste wurde 1899 eine tote Riesenkrake mit 38 m langen Armen gefunden. Die gigantischen Oktopusse sind in ca. 11 km Tiefe zu Hause und damit die am tiefsten Punkt lebenden Lebewesen.

Richtig ist Antwort b)

Bis vor Kurzem dachte man noch, dass ein Leben 10 km unter dem Meeresspiegel nicht mehr möglich sei. Seitdem Roboter entwickelt wurden, die so weit tauchen können, weiß man es allerdings besser.

Der Bereich von 6.000 m Tiefe abwärts heißt »Hadal«, von der altgriechischen Bezeichnung »Hades« für die Unterwelt. Hier ist es stockfinster und es herrscht ein enormer Druck durch die darüberliegende Wassermenge. Je tiefer es wird, desto seltsamer und seltener werden die Hadalbewohner. Fast alles Essbare haben schon die Kollegen der oberen Meeresstockwerke verspeist. Wer unten haust, muss für eine Mahlzeit in die Trickkiste greifen. So lockt der Anglerfisch mit einer durch Bakterien beleuchteten Angel seine Opfer an.

Im Keller, also im Meeresboden, leben nur noch die Kammerlinge, das sind winzige röhrenförmige Einzeller. Sie leben an der tiefsten Stelle des Pazifiks im Marianengraben, 10.896 m unter dem Meeresspiegel – dem tiefsten Punkt der Erde.

Wer hat die Pommes erfunden?

a) Die sechs Teilnehmer einer Wüstenkarawane betrachteten bei 55 °C ihre letzte Speise: eine Kartoffel. Sie hatten sich verlaufen und standen kurz vor dem Hungertod. Da sie Freunde waren, teilten sie die Kartoffel in sechs gleich große Stücke. Die warfen sie in einen kochend heißen Wüsten-Ölsee. Frisch gestärkt von den ersten Pommes der Welt erreichten sie einen Tag später lebend ihr Ziel. Das war 1731.

b) In Deutschland gab es mal einen König namens Fritz (sein Spitzname lautete: Friedrich der Große). Er war berühmt für seine Kochkünste. Am liebsten erfand er neue Gerichte. So auch am 6. April 1743, als er Kartoffelschnitzelchen in heißes Öl warf. Das war ein voller Erfolg und das neue Nationalgericht wurde »Pommes Fritz« genannt.

c) Die Belgier liebten frittierten Fisch. Doch in einem bitterkalten Winter waren die Seen so zugefroren, dass sie ihre Fische nicht angeln konnten. Da schnitt ein einfallsreicher Gastwirt Kartoffeln in kleine Fischformen und schmiss sie ins heiße Öl. Damit erfand er die Pommes frites.

Richtig ist Antwort c)

Es soll um das Jahr 1680 herum in Belgien gewesen sein, ein harter Winter lag über dem Land und ließ alles zu Eis erstarren. Die Seen und sogar die Flüsse waren zugefroren und so kamen die Belgier nicht mehr an ihre Leibspeise heran: kleine, fingerlange Fischchen, die sie am liebsten aßen, wenn sie in Öl gebacken waren, denn dann waren sie herrlich knusprig. Missmutig saßen die Belgier in den Wirtshäusern und ihre Mägen knurrten . . .

. . . bis schließlich einem Gastwirt die rettende Idee kam: Er holte Kartoffeln aus dem Keller, schälte sie und schnitt sie in dicke Streifen, sodass sie eine ähnliche Form wie die kleinen, beliebten Fischchen hatten. Dann frittierte er die Kartoffelstäbchen – wie vorher die Fischchen – in heißem Öl und servierte sie seinen Gästen. Das war ein toller Erfolg! Den Leuten schmeckten die frittierten Kartoffeln sogar noch besser als die Fische.

Übrigens: Kartoffeln heißen in Belgien »pommes de terre« (Erdäpfel). Daher nannten die Belgier die frittierten Kartoffeln »pommes frites« (gebratene Erdäpfel).

Wo findet man die älteste Malerei?

a) Während eines Unwetters wurde 2001 eine kleine bemalte Glasscherbe an die Küste Sardiniens gespült. Bei der Analyse dieser Scherbe machten Wissenschaftler eine sensationelle Entdeckung: Das Fundstück ist mehr als 20.000 Jahre alt und stammt wahrscheinlich aus einem Kirchenfenster der versunkenen Stadt Atlantis.

b) Manche Dinosaurierarten waren auf einer höheren Entwicklungsstufe als bisher angenommen. Auf den über 100.000 Jahre alten Schädelknochen einiger Skelette wurden Ornamente und Verzierungen entdeckt. Vermutlich handelt es sich dabei um eine Art Totenkult, den die affenähnlichen Dinosaurier selber betrieben.

c) Als älteste Malerei der Welt gilt ein ca. 30.000 Jahre altes Bruchstück eines Steingewölbes in Frankreich. Darauf ist nicht viel mehr zu sehen als ein Pferdebauch.

Richtig ist Antwort c)

Zwei senkrechte Striche und ein flaches U – eigentlich ist auf der vermutlich ältesten Malerei der Welt nicht viel zu sehen. Trotzdem kann man sofort erahnen, dass der Künstler vor etwa 30.000 Jahren ein Pferd gemalt hat. Das Fragment, so nennt man Bruchstücke eines Kunstwerks, wurde in einem Felsüberhang in Frankreich gefunden. In der Nähe befinden sich auch andere berühmte, aber etwas jüngere Höhlenmalereien. Wunderschön und gut erhalten sind zum Beispiel die Jagdszenen und Tierdarstellungen in den Höhlen von Lascaux. Noch immer rätseln Forscher, zu welchem Zweck die Steinzeitmenschen diese Bilder gemalt haben. Manche sind nämlich so tief im Berg versteckt und liegen an so unzugänglichen Stellen, dass sie außer dem Künstler selber und den neugierigen Höhlenforschern unserer Zeit wohl nie jemand gesehen hat.

Wer hat die Fischstäbchen erfunden?

a) Die Engländer wollten unbedingt, dass ihre Kinder mehr Fisch aßen. Aber die mochten die Haut und die Gräten nicht. Also kam eine Tiefkühlkost-Firma auf die Idee, Fische so herzurichten, dass sie garantiert nicht mehr nach Fisch aussahen. Heraus kamen die Fischstäbchen.

b) In den britischen Gefängnissen gab es immer nur Fisch, denn den gab es auf der Insel im Übermaß. Als sich am 3. Oktober 1973 die Insassen darüber beschwerten, beschloss die Gefängnisleitung, den Fisch weiterhin zu servieren, ihn aber unkenntlich zu machen. Also wurden die Fischstäbchen erfunden. Die Rechnung ging allerdings nicht auf: Es kam noch am gleichen Tag zur größten Gefängnisrevolte Englands.

c) Fischstäbchen sind gar keine Erfindung. Es sind Süßwasser-Gebirgsfische aus Japan. Durch die Kälte legte sich der Fisch im Laufe der Evolution den schmackhaften »Mantel« zu. Und die für einen Fisch ungewöhnlich eckige Form hat er vermutlich, weil die japanische Unterwasserwelt entsprechend eckige und kantige Nischen als Nist- und Ruheplätze bietet.

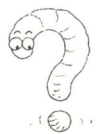

Richtig ist Antwort a)

Die Fischstäbchen wurden 1955 in England erfunden. Die Engländer wollten nämlich gerne, dass ihre Kinder mehr Fisch aßen, denn Fisch galt als besonders gesund. Da gab es nur ein großes Problem: Die meisten Kinder ekelten sich vor der Fischhaut und vor allem vor den Gräten. In der Tiefkühlkost-Firma »Birds Eye« kam man schließlich auf einen glorreichen Gedanken: Wenn der Fisch nicht nach Fisch aussähe, würden ihn die Kinder vielleicht essen. Also entgräteten sie die Fische vollständig und pressten das Fleisch in eine Stäbchenform. Diese Stäbchen umhüllten sie mit einem Teig – und fertig waren die Fischstäbchen. Es war wirklich gar nichts Fischähnliches mehr an ihnen zu erkennen und es gab weder Haut noch Gräten.
Die Engländer haben tatsächlich ihr Ziel erreicht: Ihre Kinder aßen Fisch! Heute gehören die Fischstäbchen bei vielen Kindern rund um den Globus zu den Lieblingsspeisen.

Wo befindet sich die längste Treppe der Welt?

a) Natürlich ist die längste Treppe der Welt im höchsten Haus der Welt! Vom Keller bis zum Speicher der Petrona Twin Towers in Kuala Lumpur muss man 2.884 Treppenstufen steigen. Gut, dass es auch einen Aufzug gibt!

b) Die Standseilbahn eines Berges im Berner Oberland (Schweiz) führt zum 1.642 m hoch liegenden Gipfel. Wenn die Bahn mal nicht funktioniert, kann man den ganzen Weg auch auf den Stufen der längsten Treppe der Welt zurücklegen.

c) Die Himmelstreppe von Galileo Galilei ist seit fast 500 Jahren die längste Treppe der Welt. Der italienische Astronom hatte das 6,2 km lange Stufenbauwerk errichten lassen, um von möglichst weit oben die Sterne beobachten zu können.

Richtig ist Antwort b)

Die Flucht- und Wartungstreppe der Niesen-Stand-
seilbahn in der Schweiz gilt als die längste Treppe der
Welt. Im Gegensatz zu einer normalen Seilbahn, bei
der die Fahrgastkabine an einem starken Seil hängt,
steht die Kabine der Standseilbahn auf einem Gleis
und wird von einem Seil, das zwischen den Gleisen
liegt, hochgezogen. An diesen Gleisen entlang liegt
die Treppe, damit man die Strecke kontrollieren kann.
Zusätzlich dient sie als Fluchtweg für den Notfall.
11.674 Stufen führen so von der Talstation zum Gipfel
des Niesen.

Wer anstelle der 28-minütigen Bahnfahrt oder einer
fünfstündigen Wanderung lieber Treppen steigen
möchte, kann dies nur an einem einzigen Tag im Jahr
tun. Seit der Eröffnung der Bahn im Jahr 1990 gibt es
den sogenannten »Niesen-Treppenlauf«. Bei diesem
Wettrennen sind gute Oberschenkelmuskeln gefragt.
Der Rekord liegt bisher bei gut 52 Minuten. Vor 150
Jahren, als es weder Seilbahn noch Treppe gab, konnten sich die wohlhabenden Gipfelstürmer für 32 Franken einen Sessel mieten, der von vier starken Männern
den ganzen Berg hinaufgetragen wurde.

Welches ist die älteste Mumie der Welt?

a) Die älteste bisher gefundene Mumie ist das Lieblingsnilpferd des ägyptischen Pharao Tut an Imun. Das an einem vergoldeten Apfel erstickte Tier wurde 2450 v. Chr. einbalsamiert und diente dann im Schlafzimmer seines Besitzers als Kleiderablage.

b) Die Chinchorro, ein peruanischer Volksstamm, stellten ihre Verstorbenen in den Wüstensand, um sie anzubeten. Dies vermutet man, weil die meisten ihrer Mumien beschädigte Füße haben. Die älteste von ihnen ist 7.050 Jahre alt.

c) 1974 fanden Torfstecher im schottischen Hochmoor die mumifizierten Leichen zweier Kinder. Wissenschaftliche Untersuchungen haben ergeben, dass sich die beiden Geschwister vor 5.400 Jahren beim Pilzesuchen verirrten und erfroren.

Richtig ist Antwort b)

Eine Leiche zerfällt innerhalb von 25 Jahren zu Staub. Wenn diese Zersetzung nicht stattfindet, nennt man den Leichnam »Mumie«. Eine Mumifizierung kann durch extreme Temperaturen eintreten. Ein Beispiel ist Ötzi, der vor 5.300 Jahren im Eis festfror. Auch säurehaltiges Moorwasser kann die Zersetzung stoppen: Es gibt Moorleichen, die viele Hundert Jahre alt sind.
Tote können aber auch auf künstliche Weise mumifiziert werden, wie zum Beispiel bei den alten Ägyptern. Sie trockneten ihre Leichen mit Pökelsalz. Vorher mussten sie die Toten völlig entleeren. Dann wurden sie mit Kräutern ausgestopft und in Leinen gewickelt. Aber schon 2.000 Jahre zuvor hatten die Chinchorro, ein Volk im heutigen Südamerika, eine ähnliche Methode entwickelt. Statt in Stoff packten sie ihre Toten nach dem Trocknen in Ton. Sie malten sie an und stellten sie – vermutlich, um sie zu ehren – im Wüstensand auf. Das nimmt man an, weil ihre Füße beschädigt sind. Bei Ausgrabungen entdeckten Archäologen 280 Mumien. Die älteste von ihnen, ein Kind, ist 7.050 Jahre alt!

Wer erfand die Brille?

a) Astrid Lindgren war eine begnadete Schriftstelle-
rin. Durch das viele Lesen bekam sie schlechte Augen und fragte einen befreundeten Arzt um Rat.
Der schliff aus einem Weinglas zwei kleine Lupen,
verband diese mit einem dünnen Draht und
schenkte sie Lindgren. »Bril« ist schwedisch und
heißt auf Deutsch: »Geschenk«.

b) Der erste Schritt zur Brille kam von den Mönchen im
Mittelalter. Sie legten einen gewölbten und durchsichtigen Stein auf ihre Schriften. Dieser Stein wirkte wie eine Lupe: Er vergrößerte die Schrift und er-
leichterte dadurch das Lesen. Erste geschliffene Gläser folgten dann im 13. Jahrhundert aus Venedig
(Italien).

c) Als Giulietta Galilei, die Urenkelin des berühmten italienischen Physikers Galileo Galilei, mit fünf Jahren
ihren Finger in ein Glas Wasser steckte, stellte sie er-
staunt fest, dass er darin viel größer erschien. Das war
im Jahr 1643. Dank der vielen Apparaturen ihres bereits verstorbenen Urgroßvaters hatte sie tatsächlich
mit acht Jahren das erste Monokel (Brille für ein Auge) entwickelt. Mit zehn Jahren war sie das reichste
Kind der Welt.

Richtig ist Antwort b)

Ein Brief des Staatsmannes Cicero an einen Freund zeigt: Die Römer hatten noch keine Brillen. In dem Brief steht nämlich geschrieben, er müsse sich jetzt im Alter, da er selbst nicht mehr lesen könne, alles von Sklaven vorlesen lassen.

Die Mönche im Mittelalter hatten es da nicht so gut. Sie mussten viel lesen und schreiben. Wer Probleme mit den Augen hatte, musste sich etwas einfallen lassen – und das taten sie dann auch: Sie entwickelten den sogenannten Lesestein. Dieser bestand aus Bergkristall oder Halbedelsteinen und hatte auf der einen Seite eine ebene und auf der anderen eine gebogene Fläche. Dieser Stein wurde nicht vor das Auge gehalten, sondern mit der ebenen Fläche auf die Texte gelegt. Dadurch vergrößerte er die Schrift wie eine Lupe.

Die Bezeichnung »Brille« geht wahrscheinlich auf den Namen des Halbedelsteins zurück, den die Mönche meistens verwendet haben, den »Beryll«. Wer einen solchen Lesestein besaß, galt im Mittelalter als besonders gescheit und gelehrt.

Die Glasbläser in Venedig stellten die ersten geschliffenen Gläser her. Zuerst waren sie nur für ein Auge gedacht und wurden »Bril« genannt. Gegen Ende des 13. Jahrhunderts kam man auf die Idee, zwei geschliffene Gläser mit Holz oder Horn zu umranden. Die Brille war erfunden. Ab dem 16. Jahrhundert setzte dann die Massenproduktion ein.

Wer kam auf die Idee des Blitzableiters?

a) Ein experimentierfreudiger Amerikaner ließ 1752 während eines Gewitters einen Drachen steigen, um die Elektrizität eines Blitzes nachzuweisen. Als das Experiment gelang, war klar: Ein Blitz muss direkt in den Boden geleitet werden, dann schadet er niemandem.

b) Im antiken Griechenland glaubte man, dass Blitz und Donner eine Zornesbotschaft der Götter seien. Ein Staatsmann kam daher auf die Idee, an die Häuser seiner Bürger spitze Stangen zu montieren. Dadurch hoffte er, die Götter einzuschüchtern und ihren Zorn vom Volk abzuwenden. Er ahnte nicht, dass er damit eine lebensrettende Erfindung gemacht hatte.

c) Der Blitzableiter wurde 1975 zufällig entdeckt, als ein Bauarbeiter während eines Gewitters auf einem Baugerüst stand. Der Blitz schlug in das Gerüst ein und wurde direkt in den Boden geleitet. So blieben der Arbeiter und das Haus unversehrt. Der clevere Mann hatte sofort verstanden, was er da erlebt hatte, experimentierte noch einige Monate mit Blitz und Metallstangen und entwickelte den Blitzableiter.

Richtig ist Antwort a)

Der Amerikaner Benjamin Franklin war ein Allround-genie. Neugierig und erfinderisch, wie er war, ließ er 1752 während eines Gewitters einen Drachen steigen. Ans Ende der feuchten Drachenschnur hängte er einen Metallschlüssel. Wenn es blitzte und der Schlüssel in die Nähe der Erde kam, sprühten Funken. Für Franklin war das der Beweis, dass es sich beim Blitz um eine elektrische Entladung handelt.

Dieses Experiment brachte Franklin auf die Idee, eine hohe Metallstange an Häusern zu befestigen. Der Blitz wurde dann an der Stange entlang auf direktem Weg in die Erde hinuntergeleitet. Dadurch blieben die Gebäude unbeschädigt.

Franklin hatte Glück, dass er bei seinen Experimenten nicht getötet wurde, denn die Stromstärke von Blitzen beträgt bis zu 100.000 Ampere bei Spannungen von mehreren Millionen Volt. Beim Einschlag entstehen Temperaturen von bis zu 30.000 °C.

Blitzableiter waren übrigens im 18. Jahrhundert ein umstrittenes Thema. Die Kirche nannte sie »Ketzer-stangen«, weil sich die Menschen, die einen Blitzableiter an ihrem Haus hatten, angeblich dem Gericht Gottes entzogen. Da sich Blitze allerdings immer den höchsten Punkt suchen, hätten sich die Kirchenmänner auch fragen können, warum sich der göttliche Zorn meistens über Kirchtürmen entlud . . .

Woher kommen die Bumerangs?

a) Bumerangs waren bei den australischen Ureinwohnern, den Aborigines, praktische Jagdwaffen. Falls sie die Beute nicht erwischten, kam die Waffe wieder zurück. Der älteste bisher gefundene Bumerang ist ungefähr 10.000 Jahre alt.

b) Ein kleiner Junge aus Russland fand ein gebogenes Brett und entdeckte zufällig, dass es immer wieder zurückkam, wenn er es warf. Stolz zeigte er es seinem Vater, der daraufhin sofort jede Menge Bumerangs schnitzte und erfolgreich als Spielzeug verkaufte. »Bumerang« ist russisch und heißt auf Deutsch: »Glücksbrett«.

c) Schon die Affen in Südamerika und Afrika benutzten gebogene Äste als Wurfgeschosse. Sie konnten sich damit die Bananenstauden vom Baum holen, ohne danach lange das wertvolle Geschoss suchen zu müssen. Denn es kehrte ja wieder zurück. Die Menschen haben es den Affen nachgemacht.

Richtig ist Antwort a)

Bumerangs wurden früher als Wurfwaffen verwendet. Das war besonders praktisch, denn falls der Jäger die Beute nicht erwischte, kam die Waffe von selbst wieder zurückgeflogen. Auf diese Weise haben Jäger in vielen Teilen der Erde ihre Familien ernähren können, vor allem in Australien. Von da kommt auch der Name: »Woomera« bedeutet in der Sprache der Aborigines »Wurfbrett« oder »Wurfwaffe«. Der älteste Bumerang wurde in Australien gefunden. Er ist ungefähr 10.000 Jahre alt.

Die heutigen Bumerangs sehen völlig anders aus als die damaligen Jagdwaffen und sind in erster Linie Sportgeräte.

Wenn du einen Bumerang wirfst, versetzt du ihn in eine Vorwärts- und in eine Drehbewegung. Der obere Flügel hat eine höhere Geschwindigkeit als der untere. Daher kippt der Bumerang von rechts nach links bzw. bei Linkshändern umgekehrt. Auf diese Weise wird er in eine Kreisbahn gezogen – und kehrt zurück.

Warum feiern wir Fasching?

a) Ursprünglich feierten die Menschen im Februar ein Frühlingsfest, um den Winter zu vertreiben. Mit den Christen verwandelte sich die Feier in ein großes Ess- und Trinkgelage, denn man nutzte die Tage vor der Fastenzeit, um noch einmal richtig zuzulangen.

b) Am 11.11.1374 wurde ein Hofnarr in Köln zum Tode verurteilt, weil er Essen aus der Fürstenküche gestohlen hatte. Im Gefängnis munterte er alle Mitgefangenen mit seinen Späßen so auf, dass es sich überall herumsprach. Mitte Februar kam er wieder frei. Ihm zu Ehren feiern wir seither am Fasching ein Narrenfest.

c) Zur Faschingszeit gedenken wir des griechischen Theaterautors Aristophanes. Er soll bei einer Aufführung nackt auf die Bühne gesprungen sein und gerufen haben: »Ich bin jetzt euer Chef, der da ist viel zu zugeknöpft!« Dabei zeigte er auf den eigentlichen Volksführer, den keiner mehr akzeptierte. Daraufhin entbrannte ein tosendes Fest.

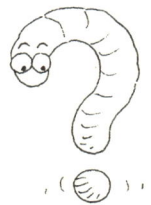

Richtig ist Antwort a)

Einmal im Jahr steht die Welt kopf, und das schon seit Jahrhunderten. Bereits vor dem Christentum feierten die Menschen im Februar laute Frühlingsfeste, um den Winter zu vertreiben.

Die Christen übernahmen diese Feier, allerdings nicht, um den Winter loszuwerden, sondern um vor der Fastenzeit noch einmal ausgiebig zu essen und zu trinken. Fasten bedeutet nämlich, sich sechs Wochen lang, also von Aschermittwoch bis Karfreitag, mit der Nahrung stark einzuschränken.

Die Namen »Fastnacht« oder »Fasching« entstanden aus »vastschanc«. Das bedeutete im Mittelalter »Ausschank vor Fastenbeginn«. Und »Karneval« kommt aus dem lateinischen »Carnelevale« und bedeutet Fleischentzug oder scherzhaft ausgedrückt »carne vale«: »Fleisch lebe wohl«.

Die großen Fressgelage vor der Fastenzeit waren auch aus rein praktischen Gründen notwendig, denn die Vorräte, die in den folgenden sechs Wochen nicht gegessen werden durften, mussten schließlich weg.

Warum drücken wir uns gegenseitig die Daumen?

a) Der Aberglaube kommt aus einer Zeit, als es noch keine Maschinen gab. Der Daumen als der kräftigste und somit wichtigste Finger wurde Glücks- oder Gottesfinger genannt. Wer ihn mit den anderen Fingern umschloss, also »drückte«, glaubte, sich vor allem Übel zu schützen.

b) Das Daumendrücken soll helfen, an denjenigen zu denken, der gerade in einer Prüfung sitzt. Wissenschaftler haben festgestellt, dass Gedankenenergie tatsächlich in Form von Schallwellen übertragen wird.

c) Die Geste des Daumendrückens stammt aus der Steinzeit. Als die Menschen sich noch mit den blanken Händen verteidigten, war der Daumen die gefährlichste Waffe. Den Daumen mit den anderen Fingern zu umschließen, war ein Zeichen des Friedens. Diese positive Geste verwandelte sich in die uns bekannte Glücksbringer-Geste.

Richtig ist Antwort a)

Wenn du jemandem die Daumen drückst, willst du ihm für ein bestimmtes Vorhaben Glück wünschen. Aber wie kann dein gequetschter Daumen einem anderen Menschen, der weit weg vor einer Prüfungsaufgabe schwitzt, helfen? Da handelt es sich wohl um einen Aberglauben, denn das funktioniert sicher nicht. Doch woher kommt dieser Glaube? Der Daumen ist der dickste und stärkste Finger, den wir haben. Früher, als es noch keine Maschinen gab und alles noch mit den Händen angefertigt wurde, war er der wichtigste Finger. Auf einen der anderen hätte man notfalls verzichten können, doch ohne Daumen war es nicht möglich, ein Schwert oder Werkzeug zu halten. Daher galt er als Glücksfinger oder sogar als Gottesfinger. Es gab hohe Strafen, wenn bei einem Kampf der Daumen verletzt wurde. Im Volksglauben umschloss man den Daumen mit den anderen Fingern, um sich vor allem Möglichen zu schützen. Heute beschützt man damit nicht mehr sich selber, sondern eben den Freund in einer Prüfung.

Wie wurde das Papiergeld erfunden?

a) In China gab es vor dem Papiergeld sehr schwere Eisenmünzen. Wer einen größeren Einkauf tätigen wollte, hatte ganz schön zu schleppen. Also kam man auf die Idee, Quittungen auszustellen, auf denen stand, wie viele Münzen der Käufer besaß. So musste er nur noch die Quittung und nicht mehr die Münzen herumschleppen.

b) Früher gab es viele verschiedene Zahlungsmittel, zumeist Dinge, die selten waren. Auf den Philippinen war das Papier. Zunächst war das Gewicht ausschlaggebend für den Wert, doch im 12. Jahrhundert wurden Zahlen auf die Bögen gemalt. Diese Methode verbreitete sich schnell und erfolgreich.

c) Im Mittelalter gab es unter den Männern ein beliebtes Würfelspiel. Dabei ging es um Geld. Um sich jederzeit zu einem Spielchen niederlassen zu können, fertigten die Spieler kleine Wertscheine aus Papier an, denn nicht immer hatten sie genügend Münzen dabei. Diese Scheine gelten als die ersten Geldscheine der Welt.

Richtig ist Antwort a)

Bevor es Münzen und Geldscheine gab, hatte jede Region auf der Welt ihr eigenes Zahlungsmittel. Zumeist waren es Dinge, die in dieser Region selten oder beliebt waren. In Äthiopien zahlte man z. B. mit Salz und in Tibet mit Tee. Auch Silber, Gold, Eisen und andere Metalle wurden als Zahlungsmittel verwendet. Daraus entstanden die Münzen. So wurde zum Beispiel im 10. Jahrhundert in China mit Eisenmünzen bezahlt. Wer etwas Wertvolleres kaufen wollte, hatte ganz schön zu schleppen, denn die Münzen waren schwer.

Da kam man auf die Idee, das unhandliche »Geld« sicher zu deponieren, z. B. im Keller eines Kaufmanns, denn Banken gab es zu dieser Zeit noch nicht. Der Kaufmann schrieb dem Besitzer dann eine Quittung. Auf der stand, wie viele Münzen er für ihn in seinem Keller aufbewahrte. Mit dieser Quittung konnte der Besitzer dann einkaufen gehen. Denn sie war wie eine Bestätigung, dass er tatsächlich so viel Geld besaß, nur eben nicht in der Hosentasche. Diese chinesischen Quittungen gelten als die ersten Geldscheine der Welt. Der größte Geldschein, den es jemals gab, kam übrigens auch aus China. Er war 22,8 cm breit und 33 cm lang, also größer als eine DIN-A4-Seite.

Warum schickt man am 1. April jemanden in den April?

a) Der Aprilscherz stammt aus dem Mittelalter und ist ziemlich makaber. Immer am 1. April wurden die zu Tode Verurteilten den Herrschern vorgeführt. Die machten sich einen Spaß daraus, die armen Schlucker auf unterschiedliche Weise zu veräppeln. Diejenigen, die den »Scherz« durchschauten, wurden freigelassen. Daraus entwickelte sich im Laufe der Jahrhunderte der eher harmlose Aprilscherz.

b) Am 1. April 1951 behaupteten die Minister von Bundeskanzler Adenauer, dass der russische Außenminister spontan zu Besuch kommen würde. Adenauer soll gerufen haben: »Was sitzt ihr hier rum! Lasst uns einen Kuchen backen!« Und er backte ihn höchstpersönlich, doch gegessen haben ihn seine Minister, denn der Besuch hatte abgesagt. Seither gibt es den Aprilscherz.

c) Die Tradition, jemanden am 1. April in den April zu schicken, gibt es schon sehr lange. Allerdings gibt es verschiedene Theorien über die Herkunft und man weiß bis heute nicht, welche die richtige ist.

Richtig ist Antwort c)

Bestimmt hast auch du schon mal jemanden in den April geschickt oder wurdest selber Opfer eines Aprilscherzes. Zum Ursprung dieses Schabernacks gibt es mehrere Theorien:

1. Variante: 1564 führte der französische König Karl IX. eine Kalenderreform durch, bei welcher der Jahresanfang vom 1. April auf den 1. Januar verlegt wurde. Menschen, die aus Unwissenheit am 1. April Neujahr feierten, wurden verspottet.

2. Variante: In Augsburg sollte am 1. April 1530 Ordnung ins Münzwesen gebracht werden. Aus Zeitmangel fand dies allerdings nicht statt. Viele Spekulanten verloren ihr Geld und wurden noch dazu ausgelacht.

3. Variante: Am 1. April soll eine junge Dame König Heinrich IV. um ein Rendezvous in ein Schlösschen gebeten haben. Der König wurde allerdings nicht von der reizenden Dame, sondern vom gesamten Hofstaat einschließlich seiner Gemahlin begrüßt.

4. Variante: Der Aprilnarr steht für den schwach gewordenen Winter, mit dem der stärker werdende Sommer tun kann, was er will.

Warum gibt es Teddybären?

a) Ein Bärenjäger aus dem 19. Jahrhundert stopfte all seine erlegten Bären aus und sammelte sie in einer Blockhütte. Als eines Tages ein Geschäftsmann mit seiner Familie in diese Hütte kam, waren die Kinder begeistert! Dank seines Geschäftssinns erkannte der Vater sofort die Chance und ließ die ersten Plüschbären der Welt anfertigen.

b) Der amerikanische Präsident Theodore Roosevelt – genannt »Teddy« – sollte ein Bärenjunges erlegen, doch das brachte er nicht übers Herz. Eine Zeitung zeigte diese Szene mit der Überschrift »Teddy's Bear«. Dieses Bild machte den kleinen Bären zur Symbolfigur des Präsidenten und sofort wurde ein Plüschtier daraus gemacht.

c) Der Filmschauspieler Charlie Chaplin schlief in seinem Film »Goldrausch« als erwachsener Mann mit einem Stoffbären im Bett. Da Chaplin zu dieser Zeit der berühmteste Schauspieler der Welt war, kam zeitgleich zum Film auch der Stoffbär auf den Markt. Chaplin gab ihm selbst den Namen »Teddy«.

Richtig ist Antwort b)

Alles begann im November 1902, als der amerikanische Präsident Theodore Roosevelt auf Bärenjagd ging.

Den Treibern gelang es allerdings nicht, einen großen Bären vor die Büchse des Präsidenten zu scheuchen. Da aber der Präsident nun einmal zu dieser Jagd eingeladen worden war, wollten die Gastgeber ihn nicht ohne eine Trophäe gehen lassen. Also banden sie einen kleinen Bären an ein Seil und riefen: »Ein Bär, ein Bär!« Roosevelt eilte herbei und sah das bedauernswerte »Opfer«.

An derart leichten Siegen fand der Präsident keinen Gefallen. Statt auf den Bären zu schießen, sagte er: »Wenn ich diesen kleinen Bären töte, könnte ich meinen Kindern nie wieder in die Augen sehen!«

Der Pressezeichner Barryman zeichnete diese Szene und veröffentlichte sie in der »Washington Post«. Da Roosevelt von seinen Freunden »Teddy« genannt wurde, lautete die Überschrift in der Zeitung »Teddy's Bear« – auf Deutsch: Teddys Bär.

Durch den Zeichner Barryman wurde der kleine Bär zur Symbolfigur des Präsidenten Roosevelt. Innerhalb nur eines Jahres verwandelte sich der gezeichnete Bär in ein Spielzeug für Kinder, den Teddybären.

Wie sah der erste Staubsauger aus?

a) Der erste Staubsauger wurde auf einem vierrädrigen Wagen von Pferden gezogen. Er war so groß, dass er nicht in die Häuser passte. Also wurde er davor abgestellt. Den Staub pumpte man mithilfe eines 240 m langen Schlauchs und einer Saugpumpe aus dem Haus nach draußen in einen großen Behälter.

b) Der erste Staubsauger der Welt war etwa so groß wie ein heutiger Föhn. Er wurde 1911 von einem Schweizer entwickelt. Mit einer Kurbel an der Seite konnte der Staub aus den Ecken in einen kleinen Behälter gepumpt werden.

c) Der erste Staubsauger ähnelte einem Dudelsack. Zunächst musste ein Blasebalg platt gedrückt werden, damit die Luft entwich. Sobald man losließ, saugte er geräuschvoll wieder Luft ein – und mit ihr auch den Schmutz. Nach jedem Vorgang musste der Balg geleert werden, sonst wäre der Schmutz mit dem nächsten Zusammendrücken wieder rausgewirbelt worden.

Richtig ist Antwort a)

Der Engländer Hubert Cecil Booth saß eines Abends mit Freunden in einem Lokal und zeigte ihnen, wie man am besten lästigen Staub verschwinden lässt. Anstatt ihn hochzublasen, müsse man ihn einsaugen. Er legte sein Taschentuch auf die staubige Tischplatte, legte seinen Mund darauf und saugte. Zurück blieben ein sauberer Tisch, ein dreckiges Taschentuch und ein Hustenanfall. Er hatte also recht!

Das war nur der Anfang. Denn bald darauf baute Booth den ersten Staubsauger, eine sogenannte »Entstaubungspumpe«. Das war 1901. Diese Pumpe war ein wahres Ungetüm. Sie musste auf einem Wagen von Pferden gezogen werden. Die Saugpumpe wurde wahlweise von einem Benzinmotor oder elektrisch angetrieben. Der Wagen fuhr zu dem Haus des Kunden und der Staub und der Schmutz aus der Wohnung wurden mit einem 240 m langen Schlauch direkt in einen Sammelbehälter nach draußen auf den Wagen gesaugt. Diese aufwendige Prozedur war ein teures Spektakel und daher nur für reiche Leute geeignet.

Als Booth bemerkte, wie fasziniert seine Kunden von seiner Erfindung waren, baute er Modelle mit durchsichtigen Rohren ein, damit man den Weg des geschluckten Staubes verfolgen konnte.

Warum schiebt man jemandem etwas »in die Schuhe«?

a) Am Nikolausabend kommt der Nikolaus und steckt den Kindern Geschenke in die Schuhe. Wenn man einem Menschen nachsagt, dass er »jemandem etwas in die Schuhe schiebt«, gilt er als ein sehr guter und lieber Mensch, fast so wie der Nikolaus.

b) Wenn man »jemandem etwas in die Schuhe schiebt«, möchte man ihm – entweder aus Rache oder aus Neid – etwas Böses tun. Der Ursprung dieser Redensart ist bei den alten Römern zu finden. Dort war es üblich, seinem Feind einen tödlichen Skorpion in die Schuhe zu stecken. Ein Biss genügte und man hatte einen Feind weniger.

c) Die Redensart bedeutet, seine eigene Schuld auf jemand anderen abzuladen. Als es früher noch viele umherziehende Menschen gab, boten Herbergen große Sammelschlafsäle an. Wenn in einem dieser Gasthäuser eine Polizeikontrolle stattfand, steckten Diebe ihr Diebesgut blitzschnell in fremde Schuhe. So wurde der Falsche beschuldigt und der Dieb konnte sich davonstehlen.

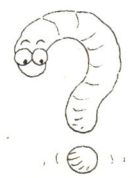

Richtig ist Antwort c)

Wer jemandem »etwas in die Schuhe schiebt«, will seine eigene Schuld auf jemand anderen abladen. Die Redewendung hat einen ganz konkreten Ursprung: Früher gab es viele fahrende Gesellen und Geschäftsleute ohne Zuhause, die ihre Ware oder Arbeitskraft überall dort anboten, wo sie gebraucht wurde.

Aus diesem Grund existierten viele Herbergen, in denen das sogenannte »fahrende Volk« für wenig Geld in großen Schlafräumen gemeinsam übernachten konnte.

Unter ihnen gab es natürlich auch Diebe. Um bei einer polizeilichen Durchsuchung nicht überführt zu werden, steckten diese kurzerhand ihr Diebesgut in fremde Schuhe, denn die standen ja überall herum. Auf diese Weise wurde nicht der eigentliche Dieb, sondern der Besitzer des Schuhs beschuldigt.

Wer erfand die Kartoffelchips?

a) Als einem Gast in einem amerikanischen Restaurant die Pommes frites zu grob geschnitten waren, schnippelte George Crum, der Koch, sie feiner. Das musste er mehrere Male wiederholen, denn der Gast blieb unzufrieden. Schließlich schnitt Crum die Kartoffeln aus Ärger so dünn, dass der Gast sie nicht mehr auf die Gabel spießen konnte. Die Kartoffelchips waren geboren.

b) Kartoffelchips gibt es schon lange. Sie waren – und sind es übrigens noch immer – ein traditionelles Gericht in den Bergen Nepals. Aus den Überlieferungen der Bergbauern weiß man, dass Kartoffelchips dort schon im 10. Jahrhundert zu Gemüse und Fleisch gegessen wurden.

c) Im 18. Jahrhundert legten sich die Damen rohe, dünn geschnittene Kartoffelscheiben auf die Augenlider, um der Fältchenbildung entgegenzuwirken. Besonders reiche Damen nahmen anschließend noch ein Ölbad. Eines Tages schüttete eine experimentierfreudige Angestellte die Kartoffeln in das Öl und erhitzte es. Obwohl ihre Herrin über das Zufallsprodukt äußerst entzückt war, schmiss sie die Arme raus.

Richtig ist Antwort a)

Im Sommer 1853 war George Crum, ein Amerikaner mit indianischer Abstammung, als Koch in einem vornehmen Ferienhotel in New York beschäftigt. Auf der Speisekarte des Hotelrestaurants standen Pommes frites. Wie jeden Tag schnitt Crum also die Kartoffeln in dicke Stäbchen. Doch plötzlich beschwerte sich ein Gast, die Pommes frites seien zu dick, und ließ seinen Teller zurückgehen. Crum machte eine neue Portion mit dünneren Stäbchen, doch auch diesmal war der Gast unzufrieden. Darüber war der Koch schließlich so verärgert, dass er sich an dem Gast rächen wollte. Crum schnitt die Kartoffeln derart dünn und frittierte sie so knusprig, dass der Gast sie nicht mehr mit der Gabel aufspießen konnte. Doch statt sich jetzt erst recht zu ärgern, war der Gast völlig begeistert von den gebräunten, hauchdünnen Kartoffelscheiben. Noch am selben Tag entpuppte sich das neue Gericht als Sensation, denn sofort wollten auch andere Gäste Crums Kartoffelchips haben.
Nach einiger Zeit eröffnete Crum sehr erfolgreich sein eigenes Restaurant. Seine Spezialität: Kartoffelchips.

Warum feiern wir Halloween?

a) Eine englische Königin, die im Mittelalter vier Jahrzehnte grausam über ihr Volk herrschte, hieß mit Vornamen »Weenley«. Als sie starb, feierte das Volk ein Freudenfest. Man erzählt sich, dass die Böse weder in den Himmel noch in die Hölle kam, denn selbst der Teufel wollte sie nicht. Halloween kommt von »Hallo Weenley«, was die Engländer jedes Jahr an ihrem Todestag laut durch die Gassen rufen, um ihren ruhelosen Geist zu ärgern.

b) Halloween ist ein uraltes Fest aus Irland. Dort feiert man schon seit 5.000 Jahren am 31. Oktober das Ende des Sommers und den Anfang des Winters. Man glaubte daran, dass an diesem Abend die Geister aus ihren Gräbern steigen. Dieser gruselige Charakter des Festes hat sich bis heute gehalten.

c) Halloween kommt aus Amerika. Dort haben die Seefahrer im 16. Jahrhundert diesen Festtag zu Ehren der Götter eingeführt. Sie verkleideten sich als Geister, um den echten Geistern und Göttern zu zeigen, dass sie einer von ihnen seien. Dadurch erhofften sie sich, die Götter zu besänftigen und so größere Chancen auf erfolgreiche Seefahrten zu haben.

Richtig ist Antwort b)

Am Abend vor Allerheiligen gibt es den Brauch, dass Kinder als Gespenster verkleidet durch die Straßen laufen und Menschen erschrecken. Dieses Fest wurde schon vor 5.000 Jahren in Irland gefeiert. Damals hieß es »Samhain«. Am 31. Oktober feierten die Menschen das Ende des Sommers und den Anfang der dunklen Jahreszeit. Man erzählte sich, dass speziell an diesem Abend die Geister der Verstorbenen zu Besuch in ihre ehemalige Heimat kamen. Die Menschen stellten Licht in ihre Fenster, um sie abzuschrecken, denn Geister scheuen ja bekanntlich das Licht. Aber da man die Geister auch nicht erzürnen wollte, stellte man ihnen Speisen und Getränke vor die Tür.

»Samhain« hat sich über die Jahrhunderte gehalten und wurde durch die Auswanderer aus Irland nach Amerika gebracht.

Heute glauben die Menschen nicht mehr an Gespenster. Und so feiert man in Irland, England und Amerika und inzwischen auch bei uns Halloween wie eine Art Gruselkarneval.

Übrigens: Die Christen haben ihr Allerheiligenfest direkt nach Samhain gelegt. Die Bezeichnung »Halloween« ist eine Abkürzung von »Hallow Evening«, was so viel heißt wie »Abend der Heiligen«.

Wie kam der Hotdog zu seinem Namen?

a) Die amerikanische Tierärztin Carry Fiat eröffnete neben ihrer Tierpraxis einen medizinischen »Imbiss« für Tiere und verkaufte unter anderem heiße Würste an Hunde. Sie hatte nämlich herausgefunden, dass die Würste sich beruhigend auf den verstimmten Hundemagen auswirkten. Diese »Medizin« nannte sie »Hot for Dog«. Der Name wurde von Betreibern von Imbissbuden für Menschen übernommen und ein wenig gekürzt.

b) Ein Karikaturist aus England veröffentlichte in seiner Zeitung ein Bild, in dem er anstelle der Wurst einen länglichen Dackel zwischen zwei Brötchenhälften zeichnete. Die Überschrift lautete: »Hot Dog« (auf Deutsch: »heißer Hund«).

c) In den ärmeren Gebieten Südamerikas war es noch Mitte des letzten Jahrhunderts gebräuchlich, Hundefleisch zu essen. Vor allem auf Märkten wurde das heiße Fleisch zwischen zwei Brothälften verkauft.

Richtig ist Antwort b)

»Hot Dog« ist englisch und heißt auf Deutsch »heißer Hund«. Was aber hat dieses längliche weiße Brötchen – mit einer Wurst, Ketchup und Zwiebeln zwischen den Hälften – mit dem Tier zu tun? Ganz einfach:

Um 1900 kam der New Yorker Würstchenverkäufer Henry M. Stevens auf die Idee, die roten, heißen, fettigen Frankfurter Würstchen in längliche Brötchen zu packen. Er nannte sie »Red Hots«, denn sie waren »rot« (wohl eher rötlich) und »heiß«. Diese unkomplizierte, schnelle Zwischenmahlzeit wurde sehr beliebt. Während eines Polospiels beobachtete ein Karikaturist namens Tad einen Red-Hots-Verkäufer und zeichnete daraufhin einen Dackel, der in einem Brötchen steckte und dem Frankfurter Würstchen sehr ähnlich sah. Am nächsten Morgen war die Zeichnung in der Zeitung zu bewundern und sie trug den Titel »Hot Dog«.

Wer entdeckte die Einzigartigkeit von Fingerabdrücken?

a) Ein britischer Beamter untersuchte 1877 die Linienmuster der Finger und stellte fest: Jeder Fingerabdruck ist tatsächlich einzigartig. Obwohl er seine Ergebnisse veröffentlichte, wurden sie nicht weiter beachtet, bis 1892 ein grausamer Mord passierte . . .

b) Das Wissen um die Einzigartigkeit der Fingerlinien ist mindestens 2.500 Jahre alt. Aus dem Jahre 500 v. Chr. existiert folgendes Zitat von einem unbekannten Ägypter: »Der Dieb hinterließ einen Daumenabdruck im noch feuchten Lehm und wurde sogleich gepackt.« Der Schurke hatte ein Pferd gestohlen und ihm wurde zur Strafe die Hand abgehackt.

c) Die Prinzessin von Wales wurde von vielen Männern besucht, die ihr abends unter dem Fenster Liebeslieder sangen. Von einem war sie hingerissen, doch er kam nur einmal. Ihr Vater, glücklich darüber, dass seine Tochter endlich ihr Herz vergeben wollte, ließ alle Gelehrten des Landes kommen, um diesen Mann zu finden. Einer entdeckte dann einen Fingerabdruck am Fensterbrett und konnte den Mann aufspüren.

Richtig ist Antwort a)

Schon die alten Chinesen ließen sich Kaufverträge mit einem Handabdruck bestätigen; ebenso die Inder. Das fiel 1877 einem britischen Verwaltungsbeamten namens William Herschel auf. Er arbeitete in Kalkutta (Indien) und übernahm die dort gebräuchliche Identifizierung per Handabdruck, indem er den Abdruck zur Erkennung von Personen bei der Auszahlung von Gehältern verwendete. Herschel beschäftigte sich näher mit den Linienmustern der Hand und fand heraus, dass die Abdrücke bei jedem Menschen anders sind. Er veröffentlichte seine Ergebnisse sogar in Fachzeitschriften, wurde aber nicht weiter beachtet.

Dann geschah 1892 in dem kleinen Küstenstädtchen Necochea in Argentinien ein grausamer Mord an zwei Kindern. Die Mutter beschuldigte den Patenonkel der beiden. Der wurde verhaftet, stritt jedoch alles ab. Daher begann die Polizei, gründlich zu forschen, und fand an einem Türstock den Abdruck eines blutigen Daumens. Der Türstock wurde ausgesägt, der Fingerabdruck gesichert und . . .

. . . es war der Daumenabdruck der Mutter. Sie brach zusammen und gestand. Die Kinder hätten der Heirat mit ihrem Geliebten im Wege gestanden, so ihre Erklärung. Dies – so sagt man – war der erste Mordfall, der mithilfe eines Fingerabdrucks aufgeklärt wurde.

Warum sehen wir rot?

a) Rot ist die Farbe der Liebe! Wer verliebt ist, sieht die Welt durch eine rosarote Brille. Dadurch erscheint sie ihm viel schöner, glücklicher, roter. Wer also sagt: »Ich sehe rot«, teilt sein Verliebtsein mit.

b) Wenn jemand wütend wird, vermehren sich die roten Blutkörperchen – und zwar, weil bei Wut der Kreislauf mächtig in Gang kommt und die roten Blutkörperchen das Blut flüssiger machen. Versuch es selber: Wenn du deine Augen bei Wut schließt, wird dir auffallen, dass deine Augenlider feuerrot scheinen. Daher die Redensart.

c) Die Toreros in den spanischen Stierkampfarenen benutzen rote Tücher, um die Stiere wütend zu machen. Das gelingt ihnen auch in den meisten Fällen. Der Stier sieht also rot und wird wütend, daher die Redensart, die wir auf die menschliche Wut übertragen haben.

Richtig ist Antwort c)

Um einen Menschen, der gerade »rotsieht«, sollte man am besten einen großen Bogen machen, denn diese Redensart bedeutet, dass er ziemlich wütend ist.

Der Ausdruck kommt wahrscheinlich vom spanischen Stierkampf, denn dort benutzen die Toreros rote Tücher, um die Stiere zu provozieren, damit sie wild und angriffslustig werden.

Wissenschaftler haben allerdings festgestellt, dass Stiere farbenblind sind. Es ist also völlig egal, mit was für einem Tuch der Torero in der spanischen Stierkampfarena den Stier reizt. Ob schwarz, blau, gelb oder rot – den Stier macht das Gefummel immer wütend, unabhängig von der Farbe. Da sich aber nun mal die Farbe Rot in der Tradition des Stierkampfes durchgesetzt hat, verbindet man mit dieser Farbe auch die sprichwörtliche Wut.

Wer erfand die Wegwerf-Windel?

a) Unter dem Weihnachtsbaum einer zwölfköpfigen Familie lag ein Paket ohne Absender. Es war voll mit Einmal-Windeln, die keiner vorher gesehen hatte. Für die Mutter war es das schönste Geschenk ihres Lebens. Die Familie vermutete, dass das Paket von einem verschrobenen Erfinder-Onkel aus Holland kam. Aber sie fanden es nie heraus, da der Onkel am 2. Weihnachtsfeiertag verstarb.

b) Eine alte, blasenschwache Lady bekam in ihrem Altersheim regelmäßig Besuch von ihrer Enkelin und deren Baby. Da die Stoff-Windeln des Babys nicht besonders lange hielten, waren die zwei ständig damit beschäftigt, das Kind trockenzulegen. Bis die alte Lady auf die Idee kam, ihre saugfähige Senioren-Windel für das Baby zurechtzuschneiden. Der Name der Urgroßmutter: Debbie Pamper.

c) Marion Donovan war Mutter und genervt von den ewig nassen Windeln. Sie schnitt aus ihrem Duschvorhang ein kleines Höschen, so blieb das Baby zumindest außen trocken. Um es nun auch noch innen trockenzulegen, experimentierte Donovan eine Weile mit gut saugendem Papier und entwickelte so die Wegwerf-Windel.

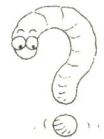

Richtig ist Antwort c)

Die Wegwerf-Windel wurde um das Jahr 1950 in Amerika erfunden. Und zwar von einer Frau namens Marion Donovan.

Als Marion Mutter wurde, wickelte sie ihre Kinder mit den damals noch gebräuchlichen Stoff-Windeln. Und das war eine recht aufwendige Prozedur, denn die Windeln mussten nach jedem Gebrauch gewaschen, getrocknet und gebügelt werden. Außerdem saugte der Stoff nicht besonders gut, sodass das Kind, kaum war es fertig gewickelt, bald schon wieder völlig durchnässt war.

Marion Donovan hatte im wahrsten Sinne des Wortes die Nase voll davon. Entschlossen schnitt sie aus ihrem Duschvorhang ein kleines Babyhöschen und zog es über die Windel. Jetzt war wenigstens die Kleidung geschützt. Nun wollte sie aber auch, dass das Kind im Trockenen lag. Also fing sie an, mit Papier zu experimentieren, und entwickelte so Schritt für Schritt die saugende Wegwerf-Windel.

Jahrelang versuchte sie, Firmen von ihrer Idee zu begeistern, doch der Erfolg blieb aus. Erst Jahre später entdeckte der Firmenchef Victor Mills die Genialität dieser Idee. Er kaufte das Patent und 1961 eroberte seine erste Wegwerf-Windel den amerikanischen Markt. Ihr Name war Pampers. Der Begriff kommt aus dem Englischen: »to pamper« heißt auf Deutsch »verwöhnen«.

Wer hat »Dreck am Stecken«?

a) In einem Krimi ist der Dreck am Stecken (ein alter Ausdruck für Stock) ein klares Beweismittel, um ein Verbrechen aufzuklären, das unter freiem Himmel stattgefunden hat. Ein Verbrecher reinigt seine Schuhe, um nicht beschuldigt zu werden, aber seinen Stecken zu säubern, vergisst er garantiert. »Dreck am Stecken« zu haben, bedeutet also, in der Vergangenheit etwas Unrechtes getan zu haben, was es zu vertuschen gilt.

b) Wer »Dreck am Stecken« hat, befindet sich in finanziellen Nöten. »Stecken« ist in diesem Fall ein Schimpfwort für Konto und »Dreck« steht für die gähnende Leere, die es aufweist.

c) Um größer zu wirken, befestigten sich die Schauspieler des griechischen Theaters Stecken (ein anderes Wort für Stelzen) unter den Füßen. Wer eine große und lange Rolle hatte, beschmierte die Stelzen mit klebrigem Dreck, um besseren Halt zu haben. Daher die heutige Bedeutung der Redewendung: Diejenigen mit »Dreck am Stecken« gelten als die besseren Schauspieler.

Richtig ist Antwort a)

Wer sich bei nassem Wetter draußen aufhält, läuft Gefahr, sich Schuhe und Hosen zu beschmutzen. Doch das ist kein Problem, denn beides kann man wieder säubern. Das wäre vor allem dann wichtig, wenn draußen zu genau der gleichen Zeit ein Verbrechen stattgefunden hat. Wer saubere Schuhe vorweisen kann, wird nicht beschuldigt.

Wer aber draußen auch noch einen Spazierstock dabeihatte, gerät mit Sicherheit in Verdacht, denn den zu säubern, vergisst fast jeder. Der Dreck am Stecken, so nannte man einen Stock früher, ist ein Indiz dafür, dass der Besitzer sich zumindest draußen aufgehalten hat – ob es sich dann auch um den Verbrecher handelt, ist eine Frage, welche die Polizei zu klären hat.

Wer also sprichwörtlich »Dreck am Stecken« hat, führt jetzt zwar ein sauberes Leben, hat aber in der Vergangenheit etwas Unrechtes getan.

Wie wurde der Kaugummi erfunden?

a) Den ersten Kaugummi entwickelten Astronauten 1987 in der russischen Raumstation »Mir«. Immer wenn ein Astronaut ins Weltall flog, hatte er Probleme mit dem Luftdruck. Man fand heraus, dass Kauen half, den Überdruck in den Ohren auszugleichen.

b) Dem Australier Bob Chewing ging es bei der Erfindung des Kaugummis nicht um das Kauen, sondern um das Blasenmachen. In seiner Autobiografie schrieb er: »Ich blieb immer ein Kindskopf und heckte bis ins hohe Alter Streiche aus – mein größter war die Erfindung des Kaugummis. Ich wollte etwas Unsichtbares finden, das im Schulunterricht Lärm machte, und ich fand es!«

c) Schon die Griechen kauten Harz von den Bäumen. In Amerika wurde dann der Geschmack durch allerlei Zutaten verfeinert und Mr Wrigley schaffte es schließlich, den Kaugummi unter das Volk zu bringen.

Richtig ist Antwort c)

Kaugummi kauen ist eine uralte Sache. Schon von den Griechen ist bekannt, dass sie in der Antike Harz von bestimmten Bäumen kauten. Und in Mexiko kaute man »Chicle«, einen milchigen Saft, der sich verdickt ideal zum Kauen eignete.

1870 begann der Amerikaner Thomas Adams, mit dieser recht harten und geschmacklosen Kaumasse zu experimentieren. Er mischte Zucker, Vanillin, Pfefferminzöl und andere Öle dazu und verkaufte sie in Form von kleinen Bällchen.

Anscheinend war Adams aber kein besonders guter Geschäftsmann, denn es dauerte noch weitere 20 Jahre, bis ein anderer Mann den Kaugummi, wie wir ihn heute kennen, erfolgreich unter die Leute brachte: Mr William Wrigley. Er handelte ursprünglich mit Seife. Doch das Geschäft lief schlecht, also bot er seinen Kunden Backpulver als Zusatzgeschenk an. Und das funktionierte: Die Leute kauften seine Seife wegen des Backpulvers. So entschloss sich Wrigley, ins Backpulvergeschäft einzusteigen. Auch hier gab er den Käufern eine Gratis-Zugabe mit, nämlich zwei Päckchen Kaugummi. Und es passierte das Gleiche: Die Käufer waren mehr an dem Kaugummi interessiert als am Backpulver. Daraufhin stieg Wrigley ins Kaugummigeschäft ein. Und das mit großem Erfolg. Wrigleys Kaugummis sind auch heute noch weltweit zu kaufen.

Gibt es »treulose Tomaten«?

a) Tomaten übertragen schneller als andere Gemüsearten den eigenen Schimmel auf benachbartes Gemüse oder Obst. Daher sollte man Tomaten immer getrennt aufbewahren. Sie halten ihren Nachbarn sozusagen keine Treue. Daher sind »treulose Tomaten« Menschen, die andere beschmutzen, vor allem mit Worten.

b) Als »treulose Tomaten« werden unzuverlässige und treulose Menschen bezeichnet. Der Begriff »Tomate« in diesem Zusammenhang kommt daher, dass die Italiener im Ersten Weltkrieg einen Vertrag brachen, daher also als treulos galten. Und in Italien wurden riesige Mengen Tomaten verzehrt. »Tomaten« stand also ursprünglich für »Italiener«.

c) Neil Armstrong betrat als erster Mensch den Mond. Dort hisste er nicht nur eine Flagge, sondern pflanzte auch ein kleines Tomatenpflänzchen. Natürlich war von ihm beim nächsten Mondbesuch nichts mehr zu sehen. Seither wird jedes Gemüse, das nicht wachsen will, als »treulose Tomate« bezeichnet.

Richtig ist Antwort b)

Eine »treulose Tomate« ist nicht etwa eine Tomate, die zu schnell schimmelt, von alleine aus der Küche kullert oder ähnliche treulose Dinge tut. Nein, »treulose Tomaten« sind unzuverlässige Menschen.

Der Vergleich eines unsteten Zeitgenossen mit dem Gemüse stammt wahrscheinlich aus dem Ersten Weltkrieg. Und zwar handelt es sich bei der Redewendung um ein Schimpfwort für die Italiener. Diese hatten im Ersten Weltkrieg nämlich gegen Österreich gekämpft, um einige Grenzgebiete zu erobern. Dabei ignorierten sie allerdings einen 1886 geschlossenen Bund zwischen Deutschland, Österreich-Ungarn und Italien. So kam es, dass man den Italienern Treulosigkeit nachsagte. Und da schon damals in Italien große Mengen Tomaten angebaut und gegessen wurden, lag es auf der Hand, sie »treulose Tomaten« zu nennen.

Kämpften Sportler in der Antike nackt?

a) Nein. Die Arenen in der Antike waren bei Wett-
kämpfen immer völlig ausverkauft und keiner hätte
sich getraut, nackt zu erscheinen, warum auch?!

b) Nein, natürlich nicht. Allerdings glaubte man das
eine Zeit lang, denn bei Ausgrabungen wurden Vasen gefunden, die nackte Sportler während der
Olympischen Spiele zeigten. Mittlerweile weiß man
allerdings, dass es sich bei den Zeichnungen lediglich um die Fantasie der Künstler handelte.

c) Ja, die Sportler in der Antike kämpften tatsächlich
nackt. 720 v. Chr. verlor nämlich ein Läufer mitten
im Wettkampf seinen Lendenschurz und gewann.
Man nahm daraufhin an, dass die Sportler ohne
Kleidung schneller und besser seien. Also traten sie
zukünftig nackt an.

Richtig ist Antwort c)

Bei den 15. Olympischen Spielen im Jahre 720 v. Chr. soll tatsächlich Folgendes passiert sein: Der Läufer Orsippos von Megaron soll während des Wettlaufs seinen Lendenschurz verloren und gewonnen haben!

Alle waren sich einig: Megaron konnte sich ohne Kleidung freier und schneller bewegen und errang daher den Sieg. Also traten zukünftig die Sportler nackt zu den Wettbewerben an – außer den Reitern natürlich, denn bei ihnen war die Verletzungsgefahr zu groß.

Zudem diente das Nacktsporteln auch der Ästhetik. Der berühmte griechische Philosoph Aristoteles schrieb zum Beispiel, dass Nackte nicht so stark schwitzen müssten und zudem auch noch schön braun werden würden. Braune Haut war bei den Griechen damals ein Schönheitsideal. Nun ist auch klar, warum auf alten griechischen Vasen die Sportler nackt dargestellt sind, zumindest meistens. Nur wenn die Griechen Vasen für schamhaftere Zeitgenossen herstellten, malten sie Lendenschurze.

Woher kommt der Ausdruck »blaumachen«?

a) Wer blaumacht, schwänzt die Schule. Manch einer erlebt dabei spannendere Dinge als im Klassenzimmer. Allerdings hat der Ausdruck einen weniger erfreulichen Ursprung: Schulschwänzer wurden früher nämlich so stark verprügelt, bis sie mit blauen Flecken geradezu übersät waren.

b) Die Färber im Mittelalter mussten ihre Stoffe an die Luft hängen, wenn sie diese blau färben wollten, denn nur durch eine chemische Reaktion des Färbemittels mit der Luft erlangten sie die gewünschte Blaufärbung. Das brauchte Zeit und die Wartezeit nannten sie »blaumachen«.

c) »Blaumachen« und »blau sein« haben dieselbe Wurzel. Früher schwänzten die Fabrikarbeiter nämlich häufig ihre Arbeit und versoffen den letzten Lohn. Nicht selten kamen sie völlig »blau«, also betrunken, nach Hause. Heute reicht zum Blaumachen das Schuleschwänzen. Besaufen müssen sich die Schüler nicht – zum Glück!

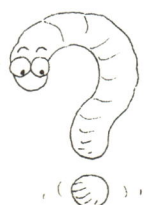

Richtig ist Antwort b)

Wer »blaumacht«, sollte sich besser nicht erwischen lassen. Blaumachen ist nämlich ein anderer Ausdruck für »Schule schwänzen«. Doch was hat nun ein kleiner Ausflug, fern von den büffelnden Mitschülern und den nervigen Lehrern, mit der Farbe Blau zu tun?

Der Ausdruck kommt aus dem Mittelalter. In der Färberzunft wurden Stoffe mit natürlichen Farben gefärbt. Für jede Farbe musste man aus verschiedenen Zutaten unterschiedliche Mixturen zusammenstellen. Wenn die Färber einen Stoff blau färben wollten, wurde er in der eigens dafür hergestellten Tinktur zunächst einmal rot. Erst nachdem der Stoff eine Weile an der Luft hing, verwandelten sich die Farbpigmente in das gewünschte Blau. Das hat etwas mit der chemischen Reaktion der Farbstoffe in der Luft zu tun.

Die Färber hängten ihre Stoffe also nach dem Färben an die Luft und machten eine Pause. Sie machten »blau«, wie es so schön hieß. Tja, und das macht ihnen so mancher Schüler heute noch nach, nur dass dabei selten ein blauer Stoff herauskommt.

Gab es Dracula wirklich?

a) Graf Dracula gab es nicht nur, es gibt ihn noch bis zum heutigen Tag, denn Vampire sind unsterblich. Dies ist auch der Grund für die große Völkerwanderung Mitte des 18. Jahrhunderts in Rumänien, denn alle flohen aus Draculas Reich. Man nimmt an, dass er sich mittlerweile ausschließlich nur noch von Tierblut ernährt.

b) Graf Dracula gab es tatsächlich. Und zwar vor über 500 Jahren. Als vor 110 Jahren das Buch über den Vampir erschien, gruben Mediziner Leichen aus der Zeit aus und untersuchten sie. Dabei fand man tatsächlich – vorzugsweise bei jungen Frauen – die typischen Bissspuren am Hals und an den Schultern.

c) Es gab tatsächlich einen Herrscher, der den Beinamen »Dracula« trug. Allerdings war er kein Vampir, sondern »nur« ein blutrünstiger Fürst. Wahrscheinlich hat ihn sich der Autor Bram Stoker als Vorbild für seinen Romanhelden »Dracula« genommen.

Richtig ist Antwort c)

Vampire sind schaurige Gestalten! Tagsüber schlafen sie in Särgen, denn sobald sie mit Tageslicht in Berührung kommen, zerfallen sie zu Staub. Um Mitternacht steigen sie dann aus ihren Gräbern und gehen auf Jagd nach frischem Blut. Weiterhin heißt es, dass man sich Vampire mit Knoblauch vom Leib halten kann. Töten kann man sie, indem man ihnen einen spitzen Pfahl ins Herz rammt.

Dracula ist der berühmteste Vampir der Welt. Er wurde von dem irischen Schriftsteller Bram Stoker vor mehr als 110 Jahren erfunden.

Es gab allerdings vor über 500 Jahren tatsächlich einen Menschen, der als Vorbild für diesen Romanhelden gilt. Der war weder ein Vampir noch ein Graf, sondern ein grausamer Fürst in der Walachei im heutigen Rumänien.

Sein eigentlicher Name war Fürst Vlad III. Tepes. Seinen berühmten Beinamen »Dracula« verdankte er seinem Vater Vlad Dracul, der dem »Drachenorden« angehörte. »Dracula« heißt auf Rumänisch »kleiner Teufel«, der Name passte also bestens. Und »Tepes« ist die Mehrzahl von »Pfahl«. Diesen Namen trug Vlad sicher zu Recht, denn seine Gefangenen und Feinde ließ er auf lange Pfähle spießen, um sie zu töten.

Geld stinkt nicht – oder doch?

a) Angeblich soll ein Kaiser im 1. Jahrhundert n. Chr. von seinem Volk Geld für die öffentlichen Toiletten kassiert haben. Sein Sohn beschwerte sich darüber. Da hielt ihm der Kaiser die Einnahmen unter die Nase und fragte: »Und? Stinkt es?« Der Sohn verneinte und die Redensart war geboren.

b) Früher gab es unterschiedliche Zahlungsmittel: Salz, Muscheln, Edelsteine, Felle . . . und natürlich wurden auch Nahrungsmittel zum Tausch angeboten. Die wurden aber nur akzeptiert, wenn sie noch nicht stanken, denn das hätte bedeutet, dass sie verdorben waren. So entstand die Redensart »Geld stinkt nicht«.

c) Kaiser Nero war so stinkreich, dass er sich mit Geld angeblich den Po abwischte. Als er sich eines Tages einen neuen Mantel kaufen wollte, soll der Schneider beim Geruch der Geldscheine gerufen haben: »Pfui, das stinkt! Das nehme ich nicht an.« Seither wird oft bei einem Kauf betont, dass Geld nicht stinkt.

Richtig ist Antwort a)

Die Redensart »Geld stinkt nicht« wird vor allem dann benutzt, wenn die Quelle des Geldes nicht ganz klar ist. Eigentlich will man damit nur ausdrücken: Geld ist Geld, ganz egal, woher es kommt. Dazu gibt es folgende Geschichte:

Der römische Kaiser Vespasian herrschte von 69 bis 79 n. Chr. Er soll eine rigorose Sparpolitik eingeführt haben, weil die Staatskassen leer waren. Unter anderem führte er Eintrittsgelder für die öffentlichen Bedürfnisanstalten ein. Heute ist das fast überall üblich, damals aber kannte man die Zahlpflicht für die Verrichtung der Notdurft noch nicht. So beschwerte sich sein Sohn Titus darüber. Doch Vespasian soll ihm die Geldeinnahmen unter die Nase gehalten und gefragt haben: »Und? Stinkt das Geld?« Titus musste natürlich verneinen.

Warum machen wir jemanden »zur Schnecke«?

a) Wer »zur Schnecke gemacht« wurde, hat ganz schön viel Kritik oder heftige Anschnauzer abbekommen und wünscht sich daher ein gemütliches Schneckenhaus herbei, in das er sich verkriechen kann.

b) Schnecken hinterlassen auf ihrem Weg eine Schleimspur, denn ihr ganzer Körper ist von einer Schleimschicht umhüllt. Menschen, die sich anderen gegenüber untertänig anbiedern, indem sie übertrieben schmeicheln, werden umgangssprachlich »Schleimer« genannt. Man sagt auch: »Er – also der Schleimer – macht sich zur Schnecke.«

c) Bei Menschen, die schrecklich langsam, also im Schneckentempo, durchs Leben gehen, ganz egal in welcher Beziehung, verwendet man gerne den Ausdruck: »Er/Sie macht sich zur Schnecke!«

Richtig ist Antwort a)

»Jemanden zur Schnecke machen« bedeutet, ihn heftig anzuschnauzen und übel zu kritisieren. Und zwar so stark, dass derjenige sich am liebsten verkriechen möchte wie eine Schnecke in ihrem Schneckenhaus. Manche Menschen verkriechen sich sogar den größten Teil ihres Lebens, weil sie kontaktscheu sind.

Für eine Schnecke allerdings ist das Schneckenhaus geradezu lebensnotwendig. Ein schneller Rückzug bei Gefahr in das Gehäuse ist oft die letzte Rettung. Das Schneckenhaus bietet der Schnecke auch Schutz vor dem Austrocknen des empfindlichen Schneckenkörpers. Und im Winter hält die Kalkschale natürlich warm.

Mit diesen Büchern hat Langeweile keine Chance mehr!

978-3-401-02680-0

978-3-401-02676-3

978-3-401-02678-7

978-3-401-50119-2

Jeder Band:
Arena-Taschenbuch.
www.arena-verlag.de